Tirso de Molina

Escarmientos para el cuerdo

Barcelona **2024**
Linkgua-ediciones.com

Créditos

Título original: Escarmientos para el cuerdo.

© 2024, Red ediciones S.L.

e-mail: info@linkgua.com

Diseño de cubierta: Michel Mallard

ISBN rústica: 978-84-9816-504-3.
ISBN ebook: 978-84-9953-135-9.

Sumario

Brevísima presentación

La vida

Tirso de Molina (Madrid, 1583-Almazán, Soria, 1648). España.

Se dice que era hijo bastardo del duque de Osuna, pero otros lo niegan. Se sabe poco de su vida hasta su ingreso como novicio en la Orden mercedaria en 1600 y su profesión al año siguiente en Guadalajara. Parece que había escrito comedias, al tiempo que viajaba por Galicia y Portugal. En 1614 sufrió su primer destierro de la corte por sus sátiras contra la nobleza. Dos años más tarde fue enviado a la Hispaniola (actual República Dominicana), regresó en 1618. Su vocación artística y su actitud contraria a los cenáculos culteranos no facilitó sus relaciones con las autoridades. En 1625, el Concejo de Castilla lo amonestó por escribir comedias y le prohibió volver a hacerlo bajo amenaza de excomunión. Desde entonces solo escribió tres nuevas piezas y consagró el resto de su vida a las tareas de la orden.

PERSONAJES

García de Sá, viejo
Don Juan de Mascareñas
Manuel de Sosa
Doña María de Silva
Safidín, rey indio
Bunga, negra
Diaguito, niño
Carballo, lacayo
Barbosa
Doña Leonor de Sá
Doña Isabel
Rosambuca, reina india
Curguru, negro
Quingo, negro
Marineros
Dos criados
Negros
Soldados

Jornada primera

(Música de todos géneros y entran por un palenque con los instrumentos de un bautismo en fuentes de plata, gentiles hombres bizarros en cuerpo; detrás de todos don Juan, que lleva sobre una fuente un turbante y en él una corona, y en el remate una cruz. Luego vestido a lo turquesco, de blanco, el rey Safidín, descubierta la cabeza; a su lado García de Sá, viejo, gobernador, bizarro, en cuerpo a lo antiguo. Por otro palenque soldados bizarros, uno de ellos con la banda de las Quinas de Portugal; y arcabuces, trompetas y cajas. Detrás, arrastrando una pica, Manuel de Sosa, muy bizarro, y delante de él Diaguito con arcabuz pequeño, espada y daga. Arriba, en un balcón despejado y grande, la reina Rosambuca a lo indio, coronada, y a su lado doña Leonor, muy bizarra, y doña María, de hombre, muy galán. Va a besar la mano Manuel, a García, y tiénele.)

Manuel   A los triunfos portugueses,
         cuyas belicosas quinas,
         armas ya, primero estrellas,
         tiembla el Asia, Europa envidia,
         después que logró la iglesia
         las católicas vigilias
         de Enrique, glorioso infante,
         que ocasiona las primicias
         de este dilatado imperio
         y en diez lustros vio su silla,
         Portugal, triunfante en Goa,
         freno absoluto de la India;
         a sus triunfos, pues, eternos,
         añada Vueseñoría,
         gobernador generoso
         de tanto emporio y provincias,
         el que la fama le ofrece
         con la victoria más digna
         de perpetuarse en bronces

que conservó el tiempo escritas.
Quiso el gran Nuño de Acuña
dar fin dichoso a sus días
y gobierno, que en diez años
honraron tantas conquistas,
con la inexpugnable fuerza
de Dío, que vio cumplida,
a pesar de resistencias,
ya idólatras, ya moriscas.
Diola cuatrocientas brazas
de ruedo, con perspectiva
y figura triangular,
y en sus ángulos fabrica
tres célebres baluartes,
sin otro, que predomina
en medio la plaza de armas;
y al cabo la fortifica
de fosos, muros, torreones,
portas, puentes levadizas,
armas, bastimento y cuanto
mostró el arte a la milicia.
Llamóla Santo Tomé,
apóstol que santifica
con su sangre a Meliapor
y a Oriente con sus relíquias.
Presidióla con mil hombres;
y dándome su alcaidía
premió en mí, cuando no hazañas,
lealtad que la califica.
El Soldán de Cambayá,
que a la libertad antigua
de su imperio vio poner
tal yugo en su tierra misma,
e impaciente de que extraños

le registren las salidas
y entradas que al Indo mar
nuestro fuerte le limitan,
por tres años de gobierno
que estuve en aquella isla
procuró mi destrucción,
ya en fe de paces fingidas,
disimulando asechanzas,
ya en peligrosas caricias,
convidándome a sus fiestas
y frecuentando visitas,
ya, en fin, viendo mi cuidado
con descubierta malicia,
asaltándome de noche
varias veces; mas perdida
la esperanza de vencerme,
habiendo llegado un día
a Dío el gobernador
don Nuño con dos cuadrillas
de naves de guerra, apresta
el bárbaro la infinita
multitud de sus vasallos
—en secreto apercibida—.
De paz al puerto se acerca
y con él concierta vistas
que don Nuño rehusó
diciéndole que venía
indispuesto; dióle fe
el Soldán, y con festivas
demostraciones, creyendo
hacer en él presa rica
y enviarle en una jaula
de hierro al Gran Turco, avisa
al capitán general

que sus gentes aperciba.
Despachó luego un presente
de diversas salvajinas,
como corzos y venados
al enfermo, y se convida
a entrar a verle a su nave;
mas antes de darle, quitan
a la caza pies y manos,
señal ordinaria en la India,
cuando tal regalo se hace,
de que ya es gente cautiva
sin pies ni manos aquella
a quien tal presente envían.
Disimuló su soberbia,
y admitiendo su visita
le hicieron bélica salva
bombardas y chirimías.
Llegó en seis fustas el moro;
pero apenas subió arriba
por la escala al galeón
cuando manda que le embistan
trescientos juncos y paraos
—naves son de la milicia
indiana— con que en un punto
el mar, que de tanta quilla
se vio oprimido, espumando
cólera, montes enrisca
tan altos, que pudo en ellos
volverse la Luna ninfa.
Seis mil flecheros disparan
a un tiempo jaras y grita
tanta, que sordos y ciegos
temió el oído y la vista;
pero haciéndose a la mar

los nuestros, las naves viran,
y, parteando preñeces
de bronce, las olas limpian
con las esconas de fuego,
cuyas pelotas derriban
mil cabezas para chazas
de la fama que eternizan.
Tembló la armada blasfema,
huyendo las que fulminan
nubes de metales roncos
los Falaris de sus vidas,
y el bárbaro que intentaba,
mientras sus flechas granizan,
prender al gobernador,
viendo la mortal rüina
de sus indios, temeroso
se arroja al agua, y encima
de sus olas con los brazos
lisonjas al mar dedica.
Blanco de nuestros mosquetes,
llegó con tantas heridas,
que para escribir victorias
su sangre al mar prestó tinta.
Tomó puerto ya sin alma
el cuerpo infiel, y a la orilla,
en mausoleos de arena,
no echó menos los de Libia.
Saltamos en tierra todos,
y barriendo la marina
de la infinidad cobarde,
la venganza hizo tal riza
que, temerosas las almas
de la estrecha compañía
de sus cuerpos, diez mil moros

a la muerte hicieron rica.
Asaltamos la ciudad,
que de nuestro fuerte dista
dos leguas, y entrando en ella,
ni la inocente puericia,
ni la decrépita plata,
ni el sexo hermoso que priva
de las armas el furor
y vence a la cortesía,
admitió sus privilegios;
porque igualmente la ira
portuguesa añadió a Troya,
si no lástimas, cenizas.
Satisfizo su hambre el fuego,
como su sed la codícia,
con los robados despojos,
y después que por tres días
unos lloran y otros cantan,
el gran Nuño fortifica
la plaza; añade soldados
a la fortaleza e isla;
encarga a Antonio Silveira,
persona tan noble y digna,
de su gobierno, que puede
serlo de esta monarquía.
Cumplidos ya mis tres años,
llevarme en su compañía
quisiera el gobernador;
pero la amistad antigua
del nuevo alcaide Silveira
pudo tanto, que me obliga
a militar a su sombra,
y la inclinación y estima
que a Dío y su fortaleza

tengo, pues fue hechura mía,
y yo su primer caudillo,
me compele a que le asista.
Murió el gran Nuño, si muere
quien, a pesar de la envidia,
en archivos de la fama
al tiempo se inmortaliza,
y entró el gran don Juan de Castro,
tercer virrey de la India,
que cargado de victorias
en flor la muerte marchita.
Muerto, pues, el Soldán viejo,
Baduz de la fuerte dicha,
y siendo su sucesor
un sobrino —que no estiman
los hijos para herederos
en estas anchas provincias,
sino a los hijos de hermanas,
pues de este modo averiguan
ser su sangre y aborrecen
sospechosas bastardías
por las dudas de los padres,
que en la mujer no peligran—
deseando la venganza
del tío, en secreto envía
embajadores a Grecia
que al Turco favor le pidan
con que destierren del Asia
las portuguesas reliquias,
y sujetando el Oriente
usurpe su monarquía.
Es el bravo Solimán
el que agora tiraniza
el otomano gobierno;

aquél que tembló en Hungría
de la fortuna de Carlos,
y afrentoso se retira
de las águilas del César,
luz de Austria y Sol de Castilla.
Éste, pues, considerando
que si codicioso esquilma
las orientales riquezas,
sus drogas y especierías,
señor del globo terrestre
será fácil su conquista
y del un trópico al otro
no habrá nación que no oprima,
arroja al Bermejo mar
por las riberas egipcias
sesenta y cuatro galeras
y en ellas turcos alista.
Trece mil rumes —así
a los turcos apellidan
en estas partes, creyendo
que de Roma se originan—
genízaros los seis mil
y esotra gente escogida,
ejercitada en Europa,
los más de su guardia misma;
nómbrales por general
el Bajá de Egipto, digna
persona para tal cargo
por la experiencia y noticia
en las cosas militares;
pero de tan peregrina
crasitud y corpulencia,
que dicen que le caía
sobre los pechos la carne

de la barba, y que las tripas
con una faja al pescuezo
atadas, le daba grita
nuestra gente, y le llamaba
ganapán de su barriga.
Éste, pues, aunque tan grueso,
inmóvil en una silla,
lo que en las fuerzas
le falta equivale
en lo que arbitra;
desembarcó en Cambayá
y recibióle en su orilla,
con aplausos y lisonjas,
el Soldán y su familia;
y deseosos los dos
de dejar la tierra limpia
de lusitanos estorbos,
marcharon al otro día,
llevando en entrambos campos,
sin chusma y gente baldía,
cuarenta y siete mil hombres,
los treinta de flechería,
los demás ejercitados
en el mosquete, la pica,
y los demás que en Europa
honra nuestra disciplina.
Llegados por tierra y mar
tercios y naves nos sitian,
y luego al asalto tocan,
porque no nos aperciban
la prevención y el sosiego;
pero al instante que arriman
escalas a la muralla,
las coronan por encima

portugueses que, animosos,
trescientos turcos derriban
a la ruciada primera
de nuestra mosquetería.
Éramos solo quinientos,
cincuenta mil la enemiga
multitud; contad ahora
a qué tantos nos cabría.
Matáronnos seis no más,
y cobardes se retiran
a las tiendas de Cogá,
general de la provincia.
Hubo entonces portugueses
a quien el valor anima
de suerte, que abren las puertas
y la retaguardia pican
hasta coger treinta de ellos,
que con música festiva
colgaron de las almenas,
para mayor ignominia,
con sus arcos a los cuellos,
cimitarras en las cintas,
turbantes en las cabezas,
vestidos de telas ricas.
Blasfemaba el bajá grueso,
que nuestro valor admira;
pero lo que sintió más
es ver que el mar solemniza
nuestra victoria de modo
que, aplaudiendo nuestra dicha,
montes de vidrio levanta
por que en los cascos embistan.
Chocaron unos con otros
de suerte que, sumergidas

seis galeras, las demás,
destrozadas, se retiran
al puerto de Madrefaba,
cinco leguas más arriba
de Dío, donde ancorando,
cansancio y temor alivian.
Atrincheróse en el cerco
el campo; y la artillería,
a caballero plantada,
comenzó la batería;
y porque nuestros reparos
menos al esfuerzo sirvan,
una máquina echó al agua,
que puso al principio grima.
Era un galeón cargado
de pez, pólvora y resina,
de salitre y alquitrán,
que al fuerte del mar arriman,
para que, dándole fuego,
mientras le vuelven ceniza
las llamas, les den entrada,
y el humo que desatina
estorbe nuestra defensa.
La traza era peregrina,
a no ser tan grande el peso,
que aguardaron aguas vivas
para poderle arrimar;
pero osó la valentía
de Francisco de Gobea,
capitán de infantería,
hacer una hazaña hasta hoy
sin ejemplar e inaudita,
española, temeraria,
portuguesa, ejecutiva.

Aguardó a la media noche,
y arrojándose en camisa
al agua con una mecha
dentro un cañón encendida,
y una bomba de alquitrán,
al galeón se avecina,
y en un instante le pega
la contagiosa malicia,
con que los tres elementos,
aire, tierra y fuego, lidian
sobre el cuarto de tal forma,
que reventando en astillas,
luminarias de esta hazaña
fue que al turco atemoriza.
Quedó el bárbaro asombrado;
y ciego, al cuarto de prima,
el castillo de Rumeo
asalta, y a escala vista
le entró, perdiendo los nuestros
en su defensa las vidas,
sin quererse dar jamás,
y entre ellos la valentía
de su capitán Pacheco,
cuya muerte en bronce escrita,
siendo herencia de la fama,
a un tiempo alegra y lastima.
Diez asaltos generales
nos dieron en veinte días,
sin dejarnos sosegar
uno solo; pero diga
si ardides y estratagemas,
tiros, flechas, fosos, minas,
hallaron la vigilancia
de nuevo valor vestida.

Treinta hombres quedamos
solos de quinientos, mas suplía
el ánimo cantidades,
hasta que al fin nos animan
veinte fustas de socorro
que don Juan de Castro envía
con armas y bastimentos,
y de noche dieron vista
a nuestro fuerte, trayendo
con presencia ostentativa
cada uno cuatro faroles.
Oyeron sus culebrinas
los turcos, y sospechando
tener a toda la India
sobre sí, pegando fuego
a su alojamiento, guían
a embarcar, tan temerosos,
que el bagaje, artillería
y cuatrocientos heridos
dejó, por que no le sigan.
Veinte mil le degollamos
en dos meses, cuyas vidas
nos costaron cuatrocientas,
a cincuenta bien vendidas.
Recogimos los despojos;
y con fiestas y alegrías
en procesión venerable
dimos las gracias debidas
a Dios y a su madre intacta.
No cuento, por infinitas,
hazañas particulares.
Los extraños las escriban.
Solo digo que hubo esfuerzo
—el ánimo desatina—

de portugués que, faltando
la munición, se derriba
los dientes con el cañón
—es loca la valentía—
matando a turco por diente.
Estime vueseñoría
esta célebre victoria,
y valerosa prosiga
las hazañas portuguesas
porque el Asia se nos rinda.

García   Estando vuestro valor
en Dío, Manuel de Sosa,
la victoria era forzosa,
por más difícil mejor.
Safidín, rey de Tanor
—provincia es de Malabar—
se ha venido a bautizar;
que mientras reino conquisto
en paz, también sabe Cristo
coronas a su ley dar.
    Él y la reina han honrado
nuestra corte, y yo, padrino
de Safidín, determino
festejar tan gran soldado.
A buen tiempo habéis llegado;
ponga luminarias Goa,
y de la mejor canoa
hasta el mayor galeón,
con festiva ostentación
adornen de popa a proa.

Manuel   Déme a besar vuestra alteza
la mano.

Safidín	Las vuestras dan
	asombros a Solimán
	y a Cambayá fortaleza.
	Cristiano soy, la llaneza
	de Portugal es la mía;
	alistad desde este día,
	sin reverenciar mi estado,
	Manuel de Sosa, un soldado,
	hermano de don García.
	El nombre dejo primero
	con la ley. Ya soy nuevo hombre;
	en las obras y en el nombre
	imitar vuestro rey quiero.
	Déme don Juan el Tercero
	con el suyo su valor;
	don Juan soy, gobernador;
	que este blasón inmortal
	como ilustra a Portugal
	ha de ilustrará Tanor.
	Cuando en el agua divina
	mi esposa vuelva a nacer,
	el nombre le ha de poner
	vuestra reina Catalina.
	A Dios la cerviz inclina,
	y a pesar del Alcorán,
	pues ley y nombre nos dan
	vuestros reyes, ¿qué más fama,
	si Catalina se llama
	y el Rey Safidín don Juan?
García	Gracia, señor, significa;
	gracias al cielo se den,
	pues en vos los nuestros ven

la gracia que os vivifica;
en cuerpo real alma rica
de virtudes; envidiar
os pueden A un tiempo y dar
parabienes mi contento:
reinar sin Dios es tormento,
servirá Dios es reinar.

Juan

Dadnos, capitán de Dío,
los brazos, si merecemos
los que vuestros triunfos vemos
gozarlos.

Manuel

¡Oh don Juan mío!
El alma que alegre os fío
con ellos es bien que os dé.

Juan

¡Grande valor!

Manuel

Corto fue,
y mis hazañas pequeñas
sin don Juan de Mascareñas,
columna de nuestra fe.
Mucho traigo que contaros.

Diaguito

Si mi pequeñez merece
esa mano que ennoblece
a cuantos llegan a hablaros,
haga mis principios claros
y honre vuestra señoría
con ella la boca mía.

García

¿Quién sois vos, rapaz hermoso,
tan portugués en lo airoso,

	tan hombre en la bizarría?
Diaguito	Poca cosa en lo chiquito, si grande en lo portugués; hidalgo me dicen que es mi padre, y yo soy Diaguito.
García	Manuel: ¿es vuestro?
Manuel	Un delito amoroso en Portugal me le dejó por señal y pena de mi ignorancia.
García	Qué, ¿hijo es vuestro?
Manuel	Es de ganancia.
García	Ganancia fue de caudal.
Diaguito	Nadie diga que es mi padre; que a mí nadie me engendró en el mundo mientras yo no sepa quién es mi madre. Esa ganancia le cuadre al que es torpe mercader, y ninguno ose poner en mí, con viles empleos, que por o corpo de deos que os bofes lle he de comer.
Caballo	Tomaos con el rapacito.
Safidín	¿Vióse donaire más bello?

García	Es portugués. Basta sello; no haya más, señor Diaguito.
Leonor	Gusto me ha dado infinito.
María	Subid al balcón, amores.
García	Las damas arrojan flores, hagámoslas cortesía.
Manuel	Plegue al cielo, Leonor mía, que no paren en rigores.

(Éntranse con música, como vinieron, y quedan Carballo y Barbosa.)

Barbosa	Pues, Carballo, ¿cómo ha ido allá con tanto rebato?
Caballo	Como tres con un zapato. Poetas habemos sido.
Barbosa	¿Cómo?
Caballo	Hicimos maravillas. Entre los tiros diversos hay unos llamados versos que arrojaban redondillas. Otros de mayor estima que, porque si disparaban, a ocho los arrimaban, se llaman octava rima. Poetizaba un culebrón al turco de un parapeto

que se llamaba soneto,
mas dad al diablo su son;
   porque derribaba a bulto,
echando su consonante,
cuanto topaba delante.

Barbosa   Ese tal debe ser culto.

Caballo   Otro de una cota armado
con dos quintales de bola
de catorce pies.

Barbosa   ¿Y cola?
Soneto fue estrambotado.

Caballo   Pues ¿qué ciertos falconcillos
que enramados escupían
balas y piedras?

Barbosa   Serían
romances con estribillos.

Caballo   De esto hubo abundantemente,
y más que si disparaban
todos ellos se preciaban
de poetas de repente,
   asombrándose de vellos
en llegándose a entender.

Barbosa   Sátiras debían de ser
pues que todos huyen de ellos.
   Ahora bien, señor Carballo,
si no tiene alojamiento,
el mío estará contento

de servirle y de hospedallo.

Caballo   Beixo o as maos.

Barbosa   La amistad premia
con lo que tiene, y acá,
si en versos de bronce da
toda Goa es academia.

(Vase. Sale doña María en hábito de hombre.)

                  ¡Ah fidalgo!

Caballo   Ése es mi nombre.

María   Una palabra entretanto
que entran.

Caballo   ¡Jesu, corpo santo!
¿qué he visto? ¿Quién eres, hombre?

María   ¡Ah, Carballo! ¿quien podía
ser, sino una desdichada
sin honor y ya olvidada?

Caballo   Señora doña María,
   ¿en la India vos? ¿Vos en Goa,
y en traje tan indecente?

María   Mujer amante, y ausente
aborreciendo a Lisboa,
   donde promesas y engaños
acaudalaron enojos,
pagando en llanto los ojos

olvido de tantos años;
  cuando llegué a aventurar
lo menos, si ya perdí
lo más, ¿qué mucho que aquí
me halléis?

Caballo
        ¿Que el inmenso mar
  y sus peligros se atreva
a pasar una mujer?

María
¿Qué mar como el bien querer?
¿Qué golfos como hacer prueba
  en un hombre que olvidado
de obligaciones de amor,
cuando profesa valor,
su valor ha amancillado?
  Salí por ver si hallaría
el que llama la confianza
cabo de Buena Esperanza,
mas no le tiene la mía.
  Y no me anegó la suma
de tanto golfo y rigor;
que no anega el mar a amor
porque es nieto de su espuma.
  Hombre con obligaciones
tan precisas de remedio,
con un hijo de por medio,
que suelen ser eslabones
  que encadena voluntades,
y en él, el que trujo ha sido
Leteo para su olvido,
no para mis soledades.
  Sin escribirme en tres años
siquiera una letra sola,

29

registrando yo cada ola
y engañando desengaños
   que apaciguaban deseos;
y por la ribera abajo
pidiendo cartas al Tajo,
creyendo que eran correos

   las crecientes que a mis puertas
ondas daban sucesivas,
para todos aguas vivas
y para mi sola muertas.

   Cansóse ya la paciencia;
nombre me dio de su esposa
mil veces Manuel de Sosa;
tomó como tal licencia

   que aposesionaron ruegos.
Partióse y llevó consigo
de un año un solo testigo
de mis disparates ciegos.

   Debiéronse de anegar
entre inmensidad de espumas,
palabras; que éstas y plumas
lleva el viento; ¿qué hará el mar?

Caballo   La guerra y tiempo divierte
el ocio de esos cuidados;
no es amor para soldados
y la ausencia es otra muerte.

   Mucho os quiso mi señor,
y viendo vuestra belleza
realzada con la fineza
de tanta lealtad y amor

   le obligará, cosa es clara,
y si olvidarse es delito,
hará las paces Diaguito,

que es los ojos de su cara.

María

¡Hijo de mi corazón!
Sus deseos solamente
causa ha sido suficiente
a mi peregrinación.
   ¿Quién duda que de su madre
olvidado, el capitán,
aquí sus gustos tendrán
empleo que más les cuadre?

Caballo

No sé, aunque tientan a pares
las indianas hermosuras,
que pruebe sus aventuras
con las damas malabares;
   que en la India, porque se note,
las caras que soplan brasas,
unas son ciruelas pasas
y otras son de chamelote.
   Las daifas más estimadas,
y que aquí se solemnizan,
si no negras, mulatizan
y son ninfas nogueradas.
   Ninguna el rostro se adoba,
no se perfuma ninguna,
las más huelen a grajuna
y todas son de caoba.
   ¿Qué voluntad amarilla
las ha de amar, si es discreta,
habiendo dama con teta
que la llega a la rodilla?
   El gusto de mi señor
es de noble portugués;
llegad a hablarle después

que deje al gobernador;
  que puesto que en su palacio
se aposenta, tiempo habrá
que amante os satisfará.
Ellos vienen; más despacio
  podréis estimar, señora,
finezas de vuestra fe;
que si de repente os ve
le alborotaréis ahora.

(Vanse. Salen el gobernador García de Sá y Manuel de Sosa.)

García   Cuando pasé ahora un año
                         por Cambayá, y la aseguré del daño
                         que Dío recelaba
                         con el bárbaro cerco que esperaba,
                         mi gobierno acabado
                         en Caúl, fui de vos tan regalado,
                         que mi Leonor no sabe
                         sufrir conversación que no os alabe.
                         Dice que lo que estuvo
                         con vos en Dío, a nuestra patria tuvo
                         de tal suerte olvidada,
                         que, en vuestra compañía agasajada,
                         ni echó menos a Goa
                         ni supo si en el mundo había Lisboa.
                         Ahora, pues, quisiera,
                         capitán, hospedaros de manera,
                         ya que os tiene en palacio,
                         que descansando en él por espacio
                         largo saliera de este empeño,
                         que según le encarece no es pequeño.
                         Su fiador he salido,
                         y así, mientras gobierno la India, os pido

que en nuestra compañia
cumpláis con mi deseo y su porfía.

Manuel
    Términos portugueses
son pródigos en ella; por dos meses
que merecí hospedaros
en Dío y con deseos regalaros,
que con obras ya vía
que era imposible a vuesa señoría
en una fortaleza
tan pobre agasajar tanta nobleza,
por término tan breve
no es bien confiese deudas que no debe.

García
Es muy agradecida,
Leonor, y estáos, Manuel, reconocida;
mas no tratando de esto,
sabed, Manuel de Sosa, que he dispuesto
darla seguro estado;
yo estoy de canas y de vejez cargado;
Leonor es mi heredera
y única sucesora; en fin, quisiera
que la honrara un esposo
fidalgo en sangre, en obras generoso.
Para esto había elegido
a don Juan Mascareñas, conocido
por su valor y hazañas,
no solo en su nación, en las extrañas;
mas repúgnalo tanto
que ofende su obediencia con su llanto.
Dice que mientras vivo
culpará mi crueldad si la cautivo,
pues en mí la dio el cielo
amparo, esposo y padre. Este desvelo

me causa pesadumbre,
y el dársela también, porque es la lumbre
y objeto de mis ojos
y llegárame a ellos darla enojos;
vos podéis persuadirla,
pues os tiene respeto, y reducirla
a lo que yo no puedo.

Manuel (Aparte.) (¡Ay cielos rigurosos!)

García Ved que quedo
en vos, Manuel, confiado.
Don Juan es vuestro amigo, gran soldado,
su edad en primavera,
su sangre ilustre y que heredar espera
un mayorazgo rico;
galán, y en condición os certifico
que un ángel me parece;
decid que goce el bien que Dios la ofrece.

Manuel Si en mis ruegos estriba
el daros gusto a vos, mi persuasiva,
señor, puesto que tosca,
procurará que humilde reconozca
lo mucho que en serviros
interesa.

García Venid a divertiros
a la marina un rato
conmigo, si gustáis, que ya su ornato
la noche mercadera,
ausente el Sol su opuesto, saca afuera
y apercibid mañana
razones concluyentes, que si allana

Leonor su resistencia
y por vos califica su obediencia,
deberáos don García,
una alegre vejez.

Manuel (Aparte.)   (¡Ay Leonor mía;
siendo ya vos mi esposa
igualmente constante como hermosa
qué desacierto ha sido
hacer casamentero al que es marido!)

(Vanse. Salen doña Leonor dando un papel a doña María.)

(Salen doña Leonor dando un papel a doña María.)

Leonor   Mira que de ti me fío,
Acuña.

María   Daré el papel
puntüal, secreto y fiel;
pues siendo vos dueño mío
   y debiéndoos lo que os debo
desde que os entré a servir,
mi contento es asistir
a vuestro gusto.

Leonor   Me atrevo
   en fe de esa confianza
a extrañas cosas por ti.

María   No fuera no hacerlo así
tanta con vos mi privanza.

Leonor   Mi padre no hay que avisar,

35

si eres discreto.

María   Ni es justo;
¿Llévoles cosas de gusto?

Leonor   No son sino de pesar.
Encárgole cierta cosa
difícil y de importancia.

María   Perdónese mi ignorancia;
creí que Manuel de Sosa
era vuestro pretendiente
dichoso y correspondido
con asomos de marido.

Leonor   ¡Jesús! Es tan diferente
de esto lo que le encomiendo,
que antes ha de disuadir
a mi padre e impedir
pretensiones.

María   Ya lo entiendo;
no hay que declararos más;
cumpliré mi comisión
como tengo obligación.

Leonor   En el jardín me hallarás.

(Vase.)

María   Billete doña Leonor
para mi Manuel de Sosa,
de su padre recelosa
con tal secreto y temor.

Sospechas si no es amor,
¿qué puede ser?
¡Qué presto empiezo a temer!
Mas es del amor efeto,
¿papel secreto
sin verle yo y soy mujer?
    Celos míos, eso no;
que para desestimaros
con indicios menos claros
sospecho mis males yo;
amor por oficio os dio
andar inquietos
y acechar siempre indiscretos
lo que no alcanzáis a ver;
donde hay mujer
y celos nunca hay secretos.
    ¿Yo, amante menospreciada;
doña Leonor cuidadosa;
papel a Manuel de Sosa;
mi amor y fama olvidada,
y qué no ha de saber nada
don García?
No, celosa pena mía,
más mal hay del que parece;
esto merece
mujer que en mujer se fía.

(Rómpele. Lee.)   «Permisiones de mi amor
han dado causa a un delito
que, por no ser para escrito,
la pluma enfrena el temor.
Vuestra vida con mi honor
corren riesgo, don Manuel.
La honra es siempre cruel

37

que sus agravios conoce,
diréos viéndome a las doce
lo que no osó este papel.»

   ¡Ay, ofendida esperanza!,
ya de vos no hay que hacer cuenta;
ten tierra, celos, tormenta?
¿En el mar, amor, bonanza?
Peligros de esta mudanza
ya los temieron mis daños.
¿Al cabo de tantos años
me anegan agravios, cielos?
Sí, que no son donde hay celos,
Santelmo los desengaños.

   ¿Qué dudo, si por escrito
confiesa doña Leonor
permisiones de su amor
que condena por delito?
Remedios que solicito
mis desengaños los borren,
riesgo le escribe que corren
su honor y vida —¡ay de mí!—
mi amor los corre, eso sí,
pues dichas no le socorren.

   ¿Qué riesgos pueden correr
sin terceros sus amores?
Mas amor que esconde flores
mal puede el fruto esconder.
Ceben de echarse de ver
hurtos de su amor liviano;
y de su padre, no en vano
temerá la justa pena;
mas pues sembró en tierra ajena
que lo pague el hortelano.

   Palabra me dio de esposo

y un hijo que en su resguardo
no le ha de afrentar bastardo;
don García es generoso;
ya, secretos, es forzoso
que os saque el peligro afuera;
a hablarle voy aunque muera;
que si se han dado los dos
las manos, para con Dios,
de palabras la primera.

(Vase. Salen don García y don Juan.)

García   Iréis, don Juan, con una escuadra mía
de galeras, armadas para guarda
del rey recién cristiano, cuando el día
salude el alba con su luz gallarda;
labraréis en Tanor la factoría
que Safidín ofrece, y si se tarda,
y su gente en negarla está resuelta,
cargaréis la pimienta y daréis vuelta.

Juan   .... [-osa]
...........................[-ida]
...........................[-osa]
...........................[-ida].
Si promete premiar, Leonor hermosa,
por ti —¡oh, señor!— la fe con que es querida,
corto trabajo a largo premio mides.
Los doce añade con que se honra Alcides.
    Iré a Tanor, y como se me encarga,
persuadiré a su rey cuando le lleve,
al tributo, al presidio y a la carga
de especia y drogas que cumplirnos debe
la dilación que amor juzgará larga;

ya portugués Jacob, tendrá por breve
mi esperanza, aumentando en sufrimientos,
a mis servicios más merecimientos.

García   Id, pues, don Juan amigo, a apercibiros,
que quiere Safidín salir mañana
antes que el Sol.

Juan   ¡Oh golfo de zafiros!
Dad prisa al alba de jazmín y grana;
no hay vientos que esperar donde hay suspiros;
no hay mares que temer cuando se allana
a quererme Leonor; de Alción los días
serán al mar las esperanzas mías.

(Vase. Sale doña Isabel a una puerta con un niño en los brazos.)

Isabel   Si está avisado, él será.

García   ¿Qué es esto, a tal hora abierta,
cielos, del jardín la puerta?

Isabel   Fidalgo, llegaos acá.

García   Disimular es mejor.

Isabel   ¿Sois Manuel de Sosa?

García   Sí.

Isabel   ¡Qué presto le conocí!
¿Dónde está el gobernador?

García   Rondando las portas.

Isabel	Bien;
	lo mismo Acuña me dijo.
	Poned en cobro este hijo
	de que os doy el parabién;
	que es tan parecido a vos
	que en él se verá su padre;
	riesgo ha corrido su madre,
	mas ya está mejor. Adiós.

(Cierra y vase.)

García	¿Sueño? ¿Estoy despierto o loco?
	Durmiendo debo de estar;
	mas, temor, si esto es soñar,
	¿qué puede ser lo que toco?
	A quimeras me provoco
	que desmienten mi sentido.
	¿Manuel de Sosa hoy venido
	y con hijo que nace hoy?
	No, cielos, durmiendo estoy.
	Pero despierto y dormido
	a un tiempo no puede ser...
	¡Qué de sospechas colijo!
	«Poned en cobro este hijo.»
	¡Y hoy venido, ausente ayer!
	Donde es forzoso el creer
	excusado es el dudar,
	peligroso el sospechar,
	afrentoso el permitir,
	pusilánime el sufrir
	y cuerdo el averiguar.
	Nueve meses ha que en Dío
	su alcaide nos hospedó;

¿si la posada pagó
a mi costa el honor mío?
Cuanto más de Leonor fío
menos hay que hacer caudal
de la que es más principal,
y más cordura el temer;
que es el vicio en la mujer
defecto trascendental.

Mas no ofendamos su estima
hasta aquí solo iniciada;
en Dío entró acompañada
de doña Isabel, su prima.
Menos la bala lastima
que está del cañón más lejos;
procuren sanar consejos
lo que culpas informaron;
que no en balde se estimaron
en más los médicos viejos.

Mas nunca doña Isabel
me alabó tan oficiosa
y necia a Manuel de Sosa
como Leonor siempre en él.
Si noble, solo Manuel
con la nobleza se alzó;
si discreto, él se llevó
la cátedra de los sabios...
¿Siempre Manuel en los labios
y no en el alma? Eso no.

¿De qué sirve en mi porfía
hacer discursos a oscuras,
si todas mis conjeturas
paran en deshonra mía?
Mi sangre a Leonor envía,
mi sangre, que no se infama;

de mi sangre, Isabel, rama,
corre también por mi cuenta;
pues si cualquiera me afrenta,
¿qué está dudando mi fama?
  ¡Oh, quién en tal confusión
sin riesgo de la prudencia,
imitara la sentencia
que hizo sabio a Salomón!
Supiera en la partición
del infante pleiteado
por dos madres, mi cuidado,
aunque dos partes le hiciera,
quién era la verdadera
y quédase yo vengado.
  Pero yo sé que no osara
dar la sentencia que dio,
Salomón, si como yo
su infamia participara.
Callemos, que si a la cara
se asoma la enfermedad,
ella dirá la verdad
y yo vengaré mi mengua,
pues la discreción sin lengua
veneró la antigüedad.

(Salen Manuel de Sosa y Carballo.)

Caballo   En paje se ha transformado;
                 mira, al tiempo que has venido.

Manuel   ¡Qué para poco que ha sido
                 el mar, pues no la ha anegado!
                 En todo soy desdichado.

Caballo	Si con dos has de casarte, lo mejor será ausentarte.
García (Aparte.)	(Éste es.)
Manuel	¡Ay, Leonor hermosa!
García	Capitán Manuel de Sosa, una palabra aquí aparte.
Manuel	¿Quién sois?
García	Estaráos mejor no saberlo.
Manuel	¿Otro cuidado?
García	Esto para vos me han dado; guardáos del gobernador.

(Vase.)

Manuel	¡Ay, cielos!
Caballo	¿Hirióte? ¡Ay, Leonor! Hijo es éste. ¿Hay más azares?
Caballo	¿Qué tienes?
Manuel	Nada. ¿Pesares, tantos juntos? No me sigas. Vete.

Caballo   Voime.

Manuel   No lo digas.

Caballo (Aparte.)   (¡Mujeres e hijos a pares!)

(Vanse, cada uno por su puerta.)

                     Fin de la primera jornada

Jornada segunda

(Salen doña María, de hombre, y Manuel de Sosa.)

Manuel   Son con tanto fundamento
tus quejas, doña María;
tan justo tu sentimiento,
tan grande la culpa mía,
tanto mi arrepentimiento,
   que el silencio solo puede
responderte, pues en él,
porque más confuso quede
de mi descuido cruel,
la pena el agravio excede.
   ¡Seis años de amor perdidos,
tus méritos ofendidos,
tus favores mal pagados,
sin premio tantos cuidados
y yo con tantos olvidos!
   Si disculpas les buscara,
mayor mi delito hiciera,
más tu enojo provocara
y mayores causas diera
A que el mundo me afrentara.
   ¿De qué servirá alegar
olvidos de tanto amor
con la ausencia y con el mar,
si hago mi culpa mayor,
pudiéndome despertar
   un hijo en cuyo retrato
contemplando cada rato
su hermoso original veía?
¡Ay, cara doña María,
dame muerte por ingrato!

47

María	No digas más, que en quien ama,
	Manuel, disculpa menor
	basta a despertar su llama,
	agravios perdona Amor,
	que por eso dios se llama.
	Siendo hombre tú, no me espanto
	que ausente no correspondas,
	a tus deudas y a mi llanto.
	Tantos mares cuyas ondas
	sepultaron bajel tanto,
	¿qué mucho que puedan más
	que yo? Disculpado estás,
	que ya de la ley salieras
	de amante ausente si fueras
	más firme que los demás.
	Yo perdono lo pasado
	como enmiendes lo presente.
Manuel	No hay más amor bien logrado
	que el que en belleza prudente
	hace fácil su cuidado.
	¡Qué discreta es tu hermosura,
	generosa en perdonar
	agravios de mi locura!
María	No hay ciencia para tornar
	atrás el tiempo, ni hay cura
	que remedie lo pasado
	sino solo el escarmiento.
	Manuel, ya estás perdonado;
	culpas venideras siento;
	sospechas me dan cuidado.
	Hermosa es doña Leonor,

su padre gobernador,
hombre tú, yo tu mujer;
la riqueza y el poder
se oponen contra mi honor.

En el papel que te escribe
delitos de amor confiesa,
y a peligros te apercibe;
la venganza portuguesa
no en cera, en diamante vive;

cosa que no es para escrita
y que riesgos amenaza,
mal su opinión acredita,
si del secreto hace plaza,
que amor mostrar solicita.

No es mujer doña Leonor
que hiciera ofensa a su honor,
menos que estando segura
de la fe con que procura
burlar bellezas amor.

Si ésta que cumplas espera
y en ser tu esposa se funda,
cristiano eres, considera
lo qué será la segunda
viva la mujer primera;

que tengo a Dios de mi parte
y un hijo hermoso en que estriba
mi acción para condenarte;
que es Diego, cédula viva
de que no podrás librarte.

Y si pagando mi amor
dejas a doña Leonor,
¿qué remedio han de tener
deshonras de una mujer,
iras de un gobernador?

Manuel	No he de negarte verdades
	que entre tantas confusiones
	acusan mis libertades.
	Despeñáronme ocasiones,
	cegáronme mocedades;
	distancias de tu hermosura
	peligros atropellaron,
	que a plaza sacar procura
	mi suerte. ¿Cuándo acertaron
	el amor y la locura?
	En Dío fue huésped mío
	el gobernador, y en Dío,
	con haber, mi bien, tan poco
	de Dío a Dios, mi amor loco
	al tirano señorío
	de la belleza rendido,
	sin resistencia al valor,
	sin prevención al sentido,
	la conciencia sin temor
	y la mernoria en olvido,
	al inviolable respeto
	con que el huésped se asegura,
	me atreví; fié al secreto
	delitos que mi locura
	saca en público. En efeto,
	persuasiones amorosas,
	frecuencias siempre dañosas,
	promesas, seguridades,
	y entre ellas, conformidades
	de estrellas ya rigorosas,
	en dos meses alcanzaron
	conyugales permisiones
	que palabras engañaron,

que dispusieron traiciones
y derechos profanaron.
　　Partiéronse, y yo ignorante
llegué ayer, porque hoy castigos
padezca mi fe inconstante,
con dos hijos por testigos
y dos esposas delante.
　　Pero, en fin, doña María,
escoja la suerte mía
de dos daños el menor,
viviendo tú, no es Leonor
mi esposa, ni mi osadía
　　es bien que al cielo se atreva.
Si te das a conocer
harás en mi muerte prueba
del rigor de una mujer
deshonrada con tal nueva.
　　Solo un medio se me ofrece
con que este daño excusemos.
Si difícil te parece
muera yo y acabaremos
la pena que me enloquece.

María
　　Como perderte no sea,
propón peligros, y vea
el mundo en mi amor constante
sufrimientos de diamante
que admire, aunque no los crea.

Manuel
Dentro de una hora, don Juan
se ha de partir a Tanor,
de una armada capitán,
cuya amistad y valor
aliento a mis penas dan.

De su nobleza fiado,
haciéndole compañía,
saliéramos de cuidado;
pero daré, esposa mía,
sospechas, de ayer llegado,
   si hoy me ausento y me despido,
regalado y persuadido
de don García, que ignora
agravios de honor, y ahora
que le asista me ha pedido.
   Doña Leonor, si la dejo,
contará desesperada
lo que ha ocultado el consejo
e impedirá mi jornada
con mi vida airado el viejo.
   Vete con don Juan, amores,
sin que descubras quién eres,
que en pasando estos rigores,
cuando algún tiempo me esperes
podrás con gustos mayores
   premios debidos gozar
de mi amor, y yo mostrar,
si mudable te ofendí,
que sé volver sobre mí
como te supe olvidar.

María	¿Pues qué inconveniente tiene que yo me quede contigo?
Manuel	Muchos, si a saberse viene mi insulto, cuyo castigo será mortal; no conviene que tú participes de él. Don García es riguroso,

la vejez es siempre cruel,
si sabe que soy tu esposo
y a su noble sangre infiel,
   alcanzaráte el rigor
de su enojo. Al darme el hijo,
triste fruto de mi amor,
un hombre oculto me dijo:
«Guárdaos del gobernador.»
   Quien me avisa que me guarde
de él, amores, ya hace alarde
de que su agravio recela;
siempre es vieja la cautela
como el delito cobarde.
   Muera yo si ya está dada
la sentencia contra mí,
y no muerte duplicada
con la tuya: quede en ti
la imagen bella amparada
   de un hijo en quien resucito;
luz hermosa que adoramos.
Mi bien, ¿no será delito
riguroso, si dejamos
los dos huérfano a Diaguito?
   Claro está; mejor podré
ausentarme cuando esté
libre de ti, del rigor
que temo. Vete a Tanor,
que al punto te seguiré.

María	¡Ay, Manuel, que estoy dudosa
	de que quieres engañarme!
	En Goa Leonor hermosa;
	tú mudable y yo ausentarme
	cuando se llama tu esposa

con un hijo? Si el postrero
estiman los padres más,
de tu olvido solo espero
que ingrato añadir querrás
segundo agravio al primero.

Manuel   Plegue a Dios, prenda querida,
si llorases ofendida
mi lealtad y fe constante
que vengativo levante
peligros contra mi vida
 cuanto esta máquina encierra.
Si navegase, la guerra
del mar llevándome a pique
naufragios no notifique
inauditos; si en la tierra,
 entre caribes adustos,
abrasados arenales,
tigres del monte robustos,
rayos de nubes mortales,
rigores del cielo justos,
 todos juntos homicidas,
verdugos de mis enojos,
en las prendas más queridas
ceben su furia a mis ojos,
porque me quiten más vidas.

María   Basta, mi bien, que me pones
pasmo con las maldiciones
que trueque en dichas el cielo.
Amoroso es mi recelo,
grandes tus obligaciones.
 Haz de mí lo que gustares,
que amante en todo te sigo;

	mas consuela mis pesares
	con permitir que conmigo
	lleve a Diaguito.

Manuel   Que ampares
        gusto yo en su compañía
       soledades de mi amor
       que peligran en la mía
       si intenta el gobernador
       mi muerte. Hermosa María,
        a don Juan vamos a hablar.

María   En fin, ¿me vuelvo a ausentar
       de ti?

Manuel   Seguiréte luego.
       A despedirme de Diego
       voy.

María   ¡Qué de ello he de llorar!

Manuel   ¿Y cuál, sin él y sin ti
       he de quedar? En los dos
       toda el alma dividí.

María   Bien mío, líbrete Dios
       de este peligro.

Manuel   ¡Ay de mí!

(Vanse. Salen García de Sá, Carballo y dos criados.)

García   Cerrad con llave las puertas
       de todas aquestas salas.

Caballo (Aparte.)	(¿Cerrar las puertas? ¡Qué malas nuevas!)
García	No dejéis abiertas las ventanas.
Caballo (Aparte.)	(¿Eso más?)
García	A los dos nos dejad solos.
Caballo (Aparte.)	(Mal se ponen estos bolos; Carballo, en peligro estás.)
García	En viniendo quien os dije traedle también aquí.

(Vanse los dos criados.)

Caballo (Aparte.)	(Verdugo será, ¡ay de mí!)
García	Sosiégate ¿qué te aflige?
Caballo	¿Yo afligirme? Los culpados se aflijan.
García	Temblando estás.
Caballo	Algunos gatos verás que maúllan encerrados. Tengo condición gatuna; abran, porque yo, señor, cerrado soy maullador y alíviame el ver la Luna.

García	Sosiégate.
Caballo	Ya sosiego.
García	¿Eres bien nacido?
Caballo	Sí; dicen que cuando nací mama y taita dije luego, y que a las voces primeras desocupé la posada de una madre agallegada anchísima de caderas.
García	¿Gallego eres?
Caballo	De a caballo; porque un rocín, aunque en pelo, me jubilaba del suelo.
García	¿Cómo te llamas?

Caballo	Carballo,
	  porque no sé en qué fayancas
	mi madre, ausente el marido,
	jugando pidió el partido
	—Son las gallegas muy francas—
	  y un lencero algo molesto
	que el matrimonio terció
	perdiendo se levantó
	y yo me quedé por resto.
	  Volvió el propietario a casa,
	y como ausente de un año

vio que el devantal de paño
se ahovaba, dijo: «¿Esto pasa?
      Mujer, ¿cómo habéis podido,
en doce meses de ausencia
sufrir tanta corpulencia?».
«Porque hogaño no ha llovido
      —respondió—, y según lo prueba,
el pronóstico del cura,
no ha de parirse criatura
hogaño mientras no llueva.»
      Él, viendo que averiguallo
era ofender a su honor,
dijo: «Escarballo es peor».
Por eso el hijo es Carballo.

García   Si sois gallego no dudo
publiquéis cualquier secreto
en viéndoos en aprieto.

Caballo   Ninguno allá nace mudo.

García   Pues escuchad advertido
aquellos golpes que dan
allí fuera.

Caballo   Oigo que están
desahuciándome el oído.
      Sudando estoy por mil cabos.
¿Majan granzas ganapanes?
¿Por dicha en casa hay batanes?
¿Muelen maíz? ¿Plantan nabos?

García   Más riguroso es su oficio;
allí os tienen de enterrar,

si rehusáis el confesar,
hasta el día del jüicio.

Caballo	No le ha de haber para mí.
Pues diga ¿qué me faltara
si yo jüicio esperara?
Moriré como nací;
porque en lo que toca al seso
tengo el celebro algo angosto.
¿Confesar? Sí; por agosto
y cuaresma me confieso,
que son cristianos respetos;
y cuando no lo mandara
la iglesia, me confesara
solo por decir secretos.
Mas yo ¿por qué he de pagar,
pecador de mí, señor,
si mi sá doña Leonor
tan bien supo aprovechar
cosechas de su hermosura,
que lo que en Dío tomó
con renta en Goa pagó
colmado en una criatura?
Si yo no fui la comadre,
si yo no hice el cohombro,
¿es bien que me le eche al hombro?
¿Que muera yo sin ser padre?
¿Que me azadonen en vida?
¿Que me maten sin testar?
¿Y que haya yo de pasar
dolores de la parida?

García	No digas más; basta, sobra;
éntrate, villano, allí.

| Caballo | ¡Plegue a Dios si te ofendí |
| | por palabra, ni por obra...! |

| García | Entra, infame, |

Caballo	Aunque me entierren,
	los santos están mirando
	mi testamento. «Item: mando
	que en Cacabelos me entierren,
	y no como a los caballos,
	sin clérigos y en corral,
	al cuero colateral,
	entierro de los Carballos.»

(Vase.)

García	Sentenciad la información,
	honra, de vuestros agravios;
	si a hijos matan padres sabios,
	ponedla en ejecución.
	En grado de apelación.
	es superior tribunal
	la clemencia natural;
	declarad si la admitís.
	¡Ay, honra! ¿Que no, decís?
	Pero sois de Portugal.
	Huésped que el honor profana
	de quien en su casa vive,
	que infama a los que recibe
	sin ley divina ni humana;
	hija noble que liviana
	hace su afrenta mortal,
	¿no es bien que con muerte igual

hallen el castigo en mí?
¿Qué decís, venganza? Sí;
pero sois de Portugal.

    ¿Qué proponéis vos, Amor,
porque lo segundo elija?
¿Que soy padre y que es mi hija
única doña Leonor?
¿Que ha de acabarme el dolor
de este irreparable mal?
¿Que no hay juez tan pedernal
que a sí se mate? Está bien;
no me espanto, que también
sois amor de Portugal.

    Diga la prudencia ahora.
Si doy muerte a quien me infama,
¿no queda viva la fama
de afrentas publicadora?
Si se casan, ¿no mejora
mi discurso de consejo?
Si está manchado el espejo,
¿no es más cordura limpiarle
que perderle por quebrarle?
Si a mi nieto infame dejo,
    ¿a mí mismo no me infamo?
¿Así no le legitimo?
Triste en él, ¿no me lastimo
si bastardo vil le llamo?
Dudoso aborrezco y amo;
perdono a un tiempo y castigo;
soy padre y soy enemigo;
soy el juez y soy el reo.
Rehuso lo que deseo
y huyo lo mismo que sigo.

    Venganza, solo sois vos

ley del mundo sin prudencia;
ley de Dios sois vos, clemencia,
y yo el juez entre las dos.
Seguir al mundo y no a Dios
es necia temeridad;
rigor, filos embotad
y adquirid con mi mudanza,
no la honra en la venganza,
sino la honra en la piedad.

(Sale Manuel de Sosa y échase a sus pies.)

Manuel   Señor, mi mudo silencio
trae en mi temor escrito
procesos en mi delito.
Contra mí mismo sentencio.
Como juez te reverencio
y como padre los labios
humildes, pero no sabios,
te piden en culpa tanta.

García   Levanta, Manuel, levanta,
no despiertes mis agravios.
  Mejor sabes defender
castillos que inclinaciones.
Vences bárbaras naciones
y no te sabes vencer.
Triunfa de ti una mujer,
¿y haces de triunfos alarde?
Ya llega el consejo tarde,
tu misma culpa te afrente.
Para los demás valiente,
¿para ti mismo cobarde?
  Espérame aquí encerrado,

no salga la fama fuera;
aquí mi deshonra muera,
yo piadoso y tú casado.
Diversamente hospedado
serás de mi cortesía
que yo de ti el triste día
que me fue la suerte escasa:
yo, sin honor en tu casa;
tú, sucesor en la mía.

(Vase.)

Manuel   Cerca conclusión incierta
del puerto le hallo más lejos,
donde ni sondan consejos
ni ve el discurso la puerta.
No es en el golfo tan cierta
la muerte como a la vista
de tierra, si el cielo alista
vientos que entre oscuridades
a escollos llevan crueldades
en nave que los embista.
    Muerte merecida aguardo
si mi mal no determino,
en mil se parte un camino
y en cualquiera me acobardo.
De dos a un hijo bastardo
mi elección ha de ofender;
de dos dejo una mujer
deshonrada, y en las dos
a un padre ofendo o a Dios.
Elección: ¿qué hemos de hacer?
    Si elijo a doña María
y a doña Leonor ofendo,

el sepulcro están abriendo
que encubra la ofensa mía;
dicho me han que don García
pretende —¡terrible aprieto!—
que en mí, en Leonor y en su nieto
un castigo corresponda,
una tierra nos esconda
y nos encubra un secreto.

 Poco importara en mi vida
satisfacer su rigor;
pero en la de mi Leonor
inocente y persuadida,
a mis engaños rendida,
en mis palabras fiada
y en un hijo retratada,
y que borre un daño igual
la copia y original,
no, Amor; no, Fortuna airada.

 Perdone mi hermosa ausente;
hijo natural es Diego;
no es bien que en la elección ciego
bastardo a su hermano afrente;
si su madre olvidos siente,
sabia, peligros consulte,
monasterios en que oculte
la pena que la acongoja
tiene Portugal; escoja
uno que agravios sepulte.

(Sale Carballo.)

Caballo   ¿Somos cristianos o moros?
      Cuerpo de Dios con la puerta.

Manuel	¿Qué es esto?
Caballo	La puerta abierta, yo en encierro, y no de toros.
Manuel	¿Carballo?
Caballo	¿Qué carballeas cuando lo que no comí me cuentan?
Manuel	¿Qué haces aquí?
Caballo	Cera hilada; tú te empleas en gustos, y a mí, inocente, un azadón me da prisa, y sin responsos ni misa vivo habrá cuerpo presente. ¿Han de enterrarte a ti y todo?
Manuel	¡Pluguiera, Carballo, a Dios!
Caballo	Caminaremos los dos mejor; que ahora no hay lodo al otro mundo a la sombra, sin riesgo de calenturas, en hilando sepulturas —solo el pensarlo me asombra— por ventas cuando las haya, en carnes y a la ligera, tú en tu muerte caballera y yo en mi muerte lacaya. Comiendo, en vez de perdices, sapos avaros y feos,

culebras, y por fideos
gusanicos y lombrices.
    Mas las puertas abren ya;
trocara yo esta ocasión
en moneda de vellón:
nuestro verdugo será.

(Salen el gobernador, don García de Sá y doña Leonor.)

García   La vergüenza es provechosa
                antes de hacerse el pecado;
                tarde te has avergonzado.
                Llega, y da a Manuel de Sosa
                    la mano.

Leonor   De aquesa suerte
                moriré, aunque desdichada,
                contenta a un tiempo y honrada.

Caballo   ¿Bodas hay, y luego muerte?
                    Pues cásenme a mí también,
                no me entierren virginal.

García   Daros quiero bien por mal,
                aunque indignos de este bien.
                    A don Juan de Mascareñas
                escogía mi elección.
                Ir contra la inclinación
                ocasiona no pequeñas
                    dificultades después;
                que el matrimonio desdoran
                y necios los padres lloran
                llevados de su interés.
                    Mi jurisdicción no llega

al alma, que el señorío
tiene en él libre albedrío.
Mientras que don Juan navega
  honestad atrevimientos
dándoos las manos los dos,
y hallen los padres en vos,
Leonor, sabios escarmientos.
  Hoy habéis de desposaros
y hoy también salir de Goa;
un galeón a Lisboa
despacho donde embarcaros
  podréis. Lo más de mi hacienda
va en él, cuya estimación
llega a cerca de un millón;
dote es vuestro, no me ofenda
  presencia que me ha quitado
el honor así adquirido,
hasta que encierre el olvido
enojos que me habéis dado
  y llegue mi sucesor.
Cumpla así este medio sabio,
desterrándoos, con mi agravio;
desposándoos, con mi amor.

Caballo   Eso si despido al cura
y pago en seco la cera;
señores; ¿habrá quién quiera
comprarme la sepultura?

Manuel   La justicia y la clemencia
en ti eternizan memorias;
perpetúe el tiempo historias;
dé estatuas a tu prudencia,
  y tú a nosotros los pies.

García	Más vale que os deis las manos.
Manuel	¡Jesús! Tropecé; inhumanos pronósticos; si al través dais con mi dicha, ¿qué intento? Desnudóseme la espada.
García	¡Manuel!, ¿qué es eso?
Manuel	No es nada. Turbación de mi contento. ¡Ay cielos, dadme, Leonor, ese cristal!
Leonor	Ya os rendí con ella el alma. ¡Ay de mí! ¿Qué es esto? Mirad señor, que os debéis de haber herido; la mano me ensangrentaste cuando a dármela llegaste.
Manuel	¡Ay, cielo, por mi ofendido! ¡Ay esposa despreciada! Ya empiezan presagios tristes a vengaros.
García	¿Os heristes?
Manuel	Un dedo al volver la espada.
Leonor	Ataos en él este lienzo.
Manuel	Esto es señal, mi Leonor,

que mezcla sangres amor,
y en la que a daros comienzo
veréis cuán unos los dos,
al yugo de amor atados,
la unidad de los casados
logramos, que dijo Dios.

García   No hay que mirar agüeros
ni miedos supersticiosos;
el cielo os haga dichosos;
poco tiempo hay, disponeros
para el viaje es razón;
ved lo que hay que apercibir,
que esta noche ha de salir
de la barra el galeón.
Venid, que no es bien me venza
de llanto que afrentas da.

Leonor   ¡Ay Dios! ¿qué fin tendrá
boda que en sangre comienza?

Caballo   ¿Vivo y sano y enterrar?
¡Oh trágicos azadones!

Manuel   María: mis maldiciones
ya me empiezan a alcanzar.

(Vanse. Salen doña María, de mujer, don Juan y Diaguito.)

Juan   Aguardaréle en Tanor,
aunque dilate esperanzas
que martirizan tardanzas.
Ha de ser doña Leonor
mi esposa, y es cada día

69

siglo eterno mi deseo.
Manuel de Sosa hizo empleo,
hermosa doña María,
   digno en vos de su nobleza.
Encubrióme vuestro ser,
mas no se puede esconder
disfrazada la belleza.
   Más decente es ese traje,
hálleos en él quien os ama;
respétoos como a su dama,
si primero cono a paje
   de mi Leonor os tenía
voluntad.

María
   Ya me prometo
dichas de feliz efeto
en la noble compañía
   de amigo tan generoso.
Quiéreos mucho Manuel.

Juan
Paga mi fe; pero de él
vengo no poco quejoso,
   pues no se fió de mí
ni quien érades me dijo.
Tal esposa y con tal hijo;
yo tan su amigo, ¿y así
   encubrirme sus amores?

María
La brevedad del viaje;
el andar yo en ese traje
y el riesgo de sus temores
   disculpa le pueden dar.

Juan
¿Qué riesgo pudo temer

                    esposo de tal mujer
                    en Goa para ocultar
                       seguridades de amor;
                    y encubriéndolas así
                    querer que esperéis aquí?

María   Hay quien le fía el honor
                       en Goa, en fe de promesas
                    imposibles de cumplir,
                    que rotas han de surtir
                    en venganzas portuguesas.
                       Tiene padre poderoso;
                    y en belleza, sangre y fama
                    es igual a vuestra dama.
                    Ved, con esto, si es forzoso
                       excusar tan ciertos daños.

Diaguito   ¿Dama y padre y que a Leonor
                    se iguala y fía su honor?
                    No hay voluntad sin engaños.
                       Logre la vuestra y con bien
                    le traiga a Tanor el cielo.

Juan   Señor Diaguito, recelo
                    que, según os halláis bien,
                       con vuestra ya conocida
                    madre, os habéis de olvidar
                    de vuestro padre y dejar
                    de llorar por él.

María   Mi vida,
                       ¿á quién queréis de los dos
                    más?

Diaguito	Bueno es todo. A mi padre como a cabeza; a mi madre como alma suya.
María	Y que en vos logra toda su ventura. Mucho os quiere Safidín.
Juan	La reina, su esposa, en fin, es vuestra dama.
Diaguito	Es figura.
María	¿No os regala?
Diaguito	Sí; mas besa demasiado señora, y tiene el olor de mora. ¡Si ella fuese portuguesa, aún, vaya!
Juan	¿Vaya? Temprano; de tal árbol fruto tal; no os negará Portugal por lo tierno y cortesano.
(Ruido de tiros.)	¡Salva en la playa! ¿Qué es esto?
(Sale Carballo.)	
María	¿Naves nuevas?
Caballo	Linda tierra; valle fértil, fresca sierra.

Juan	¿Carballo?
Caballo	¿Señor?
Juan	¿Tan presto vos aquí?
Caballo	Y con mi señor.
María	¿Qué dices?
Caballo	La verdad pura: altarimar cingladura, tomando puerto en Tanor, viento en popa y mar bonanza sesenta embocamos leguas.
María	Pesares, ya os daré treguas. Amor, ya os daré esperanza.
Caballo	¿Qué renunciación es ésa de traje, señora mía? ¿De Acuña en doña María? ¿De soldado en portuguesa?
María	Volver a mi natural, pues en mis dichas he vuelto.
Caballo	Mi señor viene resuelto de vivir en Portugal. Capitán de un galeón el gobernador le ha hecho; que no le ha visto, sospecho, tan grande nuestra nación.

Desembarcará mañana
con un presente que envía
a Safidín don García
y a la reina, si es cristiana;
    que hoy ya es tarde, y así salgo
a daros cuenta a los dos
de esta venida, y a vos,
señora, a deciros algo
    que os regocije al oído.

María   Señal que albricias esperas.

(Al oído.)

Caballo   ¿Viste todas las quimeras
               que los dos habéis temido
                   en Goa, la muerte al ojo
               al creer que don García
               el nieto parto sabía
               y que fulminara enojo?
                   Pues, no solo no lo sabe,
               pero juzgando a favor
               que el capitán, mi señor,
               lleve a Portugal su nave,
                   el cargo le ha dado de ella,
               y está esperando a don Juan
               para que esposo y galán
               de la Leonor, doncella
                   al uso, alegre su padre,
               y aunque parió de esta traza
               correrá como otras plaza
               la tal, de virgen y madre.

María   Todo lo dispone el cielo,

74

a mis suspiros clemente.
Mas doña Leonor, ¿qué siente
de eso?

Caballo

Darála consuelo
el ver que secreto queda
su atrevimiento amoroso,
y que remudando esposo
sirve a su padre y le hereda.

María

Buenas nuevas te dé Dios;
toma esta cadena.

Caballo

Buenas
son nuevas que dan cadenas.

(A todos.)

Mientras que no os veis los dos,
que será en amaneciendo,
llevémosle allá a Diaguito
en vez de papel escrito,
pues en él está leyendo
el amor que le tenéis.

María

Mañana ¿no le verá?

Caballo

Triste con su ausencia está.
Si este regalo le hacéis
daréisle la mejor cena
que se puede imaginar.

Diaguito

Madre, llévenme a embarcar
con mi padre.

María

En hora buena.

Juan	Yo le voy a prevenir refrescos, e iré con él a cenar.
Caballo	Amigo fiel, en fin.
Juan	Débole servir.
María	Diego: ¿en efecto, queréis dejarme por vuestro padre?
Diaguito	Mañana vendremos, madre, a verla los dos.
María	¿No veis cuán mal dormiré sin vos?
Diaguito	Madre, a fe que llore.
María	Andad, y estos abrazos le dad de mi parte.
Caballo	Adiós.
Diaguito	Adiós.

(Vanse don Juan, Carballo y Diaguito.)

María	Ésta es la primer ventura, cielos, que mi amor os debe. Ya que es sola, no sea breve, pues no lo es la que no dura.

76

¡Oh mar, tu golfo asegura,
siquiera en fe de mostrar
cuánto va de amor a mar,
color de cielos y celos;
deja éstos, sé de los cielos
retrato en no te mudar!

(Salen don Juan y criados.)

Juan
    Una falúa prevén
que me lleve al galeón,
y en ella el refresco pon
que te apercibo.

Criado I
    Está bien.

Juan
    Cúbrela de banderolas
que el aire alegren inquietas;
chirimías y trompetas
hagan aplauso a sus olas.
    ¿Queréis que vamos los dos
a verle esta noche?

María
    Sí.

Criado II
Esta carta es para ti,
y ésta también para vos.
    Al embarcarse, el crïado
que ahora en tierra saltó
que os las diese me rogó.

Juan
¿Cartas? ¿Cúyas?

María
    ¡Ay cuidado!

Ésta es de Manuel de Sosa.

Juan	Su letra es ésta y su firma.

María   Nuevos recelos confirma
mi desdicha rigurosa.
   Quien a la lengua del agua,
pudiéndome ver, me escribe,
nuevas penas apercibe,
nuevas desventuras fragua.

Juan   Aguardar quien las traía
a embarcarse para darlas,
y en tierra disimularlas
viniendo a vernos, no fía
   mucho su dueño de mí.

María   Toda soy desasosiego.
¿Cartas y llevarme a Diego?
Leed, don Juan, ¡ay de mi!

(Lee.)

Juan   «En Dio logró el secreto,
don Juan, una coyuntura
que dio en Goa a la hermosura
fruto, de su causa efeto;
don García tiene un nieto
con que remoza sus años,
esposa yo, amor engaños,
Leonor gusto, vos prudencia;
cura el tiempo, olvido ausencia,
y acuerdo los desengaños.»

¡Oh aleve! ¡Oh Leonor ingrata!
¡Oh falso gobernador!
¡Oh celos, que es lo peor,
pues vuestro infierno me mata!
    No quede nave en el puerto
que amarras no haga pedazos,
remos que a fuerza de brazos
no sigan a quien me ha muerto.
    Velas que lleven venganza,
pues mas que los vientos corren;
balas, que esperanza borren
de quien me quita esperanza.
    Quejas que cielos obliguen,
flechas que tiranos pasen,
y celos que los abrasen,
penas que ingratos castiguen.

(Vase.)

María   Mudos son mis sentimientos;
que las ansias que aliviarse
pueden, cielos, con quejarse
no son ansias, no tormentos.
Quítenme los instrumentos
con que el dolor se mitiga;
no suspire, no prosiga
lágrimas que salgan fuera,
quien porque en sí misma muera,
en sí misma se castiga.
    Alma que su pena apoca
en el cuerpo que la hospeda,
sin darse muerte se queda
o viviendo no está loca.
Ciérrela el pesar la boca;

halle la salida escasa,
en los ojos ponga tasa
la pena, el llanto ya tarde,
y abrásese por cobarde
quien no osa salir de casa.
    Veneno es este papel
como el traidor que le escribe.
Quien con tantas penas vive
podrá ser vivo con él,
a su fe y palabra infiel
e ingrato a Dios. ¿Qué esperáis,
alma, que no le miráis?
Si os es el vivir molesto,
vedle, mas con presupuesto
que muerte me deis y os vais.

(Lee.)   «Aprietos de don García,
inocencias de Leonor
y un sepulcro que el rigor
para tres cuerpos abría,
prenda mía, ya no mía,
a mi pesar injuriada,
mi fe castigan quebrada,
mas para cortas venturas
fundó el cielo en las clausuras
presidios de gente honrada.»

    No lo serán para mí
pues que sin honra me dejas,
ni el cielo, a mis llantos sordo,
pondrá en olvido su ofensa.
Ya está la adúltera nave,
menospreciando firmezas,
favoreciendo mudanzas

que imita al traidor que lleva,
sin recelo que les calme
el viento, hinchadas las velas
las ayudan mis suspiros,
que dan por la popa en ellas;
para atormentarme más,
las voces infames llegan
de los ministros villanos
a mis confusas orejas.

(Dentro.)

Voz   ¡lza, que el viento se alarga!

(Dentro Diaguito.)

Diaguito   ¡Madre, señora! Sin ella,
                       ¿dónde me lleva mi padre?

María   ¡Ay, cielo! ¡Ay, ansias! ¡Ay, penas!
                       ¡Dejadme arrojar al agua,
                       mi bien, mis ojos! ¿Qué intentan
                       los que sin vos lastimosa
                       mis desdichas acrecientan?
                       ¿Que el rigor no me permita
                       este consuelo siquiera?
                       Diego mío, espejo hermoso,
                       ¿que aun no gusta que me vea
                       en vos vuestro padre ingrato?
                       Mas si en vos se representa,
                       en vos veré ingratitudes,
                       amores, querida prenda.

Diaguito   Madrecita de mis ojos

yo me echara al mar tras ella
si estos hombres me dejaran.

María   ¡Cielos santos! ¿No hay tormentas,
no hay calmas, no hay huracanes,
que ingratos al puerto vuelvan?
¿Todo ha de ser mar bonanza?
¿Todo viento en popa? Vengan
borrascas que el leño embistan,
piratas que le acometan,
rayos que le despedacen,
rémoras que le detengan,
ballenas que le trastornen,
bajíos que le hagan piezas.
¡Diego mío!

(Muy lejos.)

Diaguito   Adiós, adiós.

María   ¡Plegue al cielo que no tengas,
cruel, próspero viaje!
El mar, enriscando sierras,
tus pilotos desatine;
desmenuce tus entenas,
tus velas al agua arroje,
tus jarcias todas revuelva,
no te quede mástil sano,
no te deje tabla entera;
diluvios sobre ti caigan
porque zozobres en ellos;
en su piélago agonices,
y si llegares a tierra,
estériles playas llore;

encuentres Libias desiertas,
caribes tu esposa agravien,
indios roben tus riquezas,
la sed mate a tus amigos,
de hambre tus ministros mueran.
Las prendas que más estimes,
ésas en pedazos veas
pasto de hambrientos leones,
de tigres mortales presas.
No sepan de ti las gentes,
ni otra sepultura tengas
que las silvestres entrañas
de las más bárbaras fieras.
Mas, ¡ay, cruel!, tus maldiciones mesmas
éstas, no te alcancen, que me llevas
la prenda más querida;
por ella ampare Dios tu ingrata vida.

Fin de la segunda jornada

Jornada tercera

(Salen doña María, don García y don Juan.)

García

No aumentan, doña María,
mis ansias vuestros enojos,
que en vos salen por los ojos
parando en el alma mía.
No sabía
que desposados los dos
—¡ay, honra! ¡ay, Dios!—
cuando su fama ofendiera,
se atreviera
al cielo, a mi honor y a vos.
   ¿Qué importa que para el mundo
sea legítima esposa,
Leonor, de Manuel de Sosa?
Preso en tálamo segundo
en Dios fundo
el derecho verdadero,
y así infiero
que es adúltero Manuel
para con él,
casado con vos primero.
   De un golpe solo ha quitado
seis honras, siete ofendido,
a Dios el yugo rompido
que al hombre una esposa ha dado;
a mí engañado,
ignorante de este error,
y a Leonor,
que ser única creía,
y en un día
pierde esposo, ser y honor.

A vos, pues, os menosprecia,
dejándoos con tal crueldad;
a don Juan, cuya amistad
rompe, que un bárbaro precia.
Leonor, necia,
llorará bastardo un hijo;
que colijo
de quien hidalgo se llama,
y a su fama
ofende... ¿ni qué me aflijo?

Si yo el consejo siguiera
de mi venganza, ocultara
mi agravio y los enterrara
juntos, puesto que muriera.
¿Y á qué espera
padre que en su honor estriba,
si se priva
de restaurar desaciertos?
A estar muertos
no llorara infamia viva.

Era la honra mi espejo;
sienta el alma su destrozo;
su aumento procuré mozo,
su pérdida lloro viejo.
Vil consejo
de piedad. Esto merece
el que obedece
a su amor, porque enterrado
el pecado
ni deshonra ni padece.

¡Qué bien guardará secretos
un sepulcro vengativo!
Ya mi agravio sucesivo
pasará de hijos a nietos;

ya respetos
de honor el remedio es tardo,
ya no aguardo
sino descendencia infame
cuando llame
mi nieto el mundo un bastardo.

Juan   Los sentimientos son vanos,
perdóneme vueseñoría,
cuando la venganza envía
sangre animosa a las manos.
    Mientras vive el ofensor
no desmaye el ofendido;
doña Leonor no ha perdido
un ápice de su honor.
    Si la deslealtad supiera
del capitán, cosa es clara
que la mano le negara,
que la suya no admitiera.
    No le juzgaba casado;
su engaño creyó apacible,
y la ignorancia invencible
excusa todo pecado.
    Faltando el consentimiento
no hay culpa en la voluntad;
no consintió su beldad
sin conyugal sacramento
    que amor le aposesionase;
y así no me espanto yo
que quien a ti engañó
a una mujer engañase.
    Es crédula la belleza;
¿qué mucho que en tal porfía
se fiase de quien fía

el rey una fortaleza?

Manuel de Sosa, ése sí,
que su lealtad atropella
contra el cielo y Leonor bella,
contra tu honra y contra mí.

Pero por eso el honor
halló amparo en la venganza,
menoscabo en la tardanza
y padrino en el valor.

Yo iré tras él, pues me toca
tanta parte de este mal,
no solo hasta Portugal,
cuando falte alguna roca

que alevosos despedace,
por todo cuanto al Sol mira
desde el sepulcro en que expira
hasta la cuna en que nace.

Yo le traeré a tu presencia,
porque en ella amigo falso,
el teatro de un cadahalso
represente la sentencia

capital, que ya le intimo;
y satisfecho tu honor
la mano a doña Leonor
daré, que no desestimo

yo inocencias engañadas
de amorosas persuasiones.
Tú que en las ocupaciones
de aqueste gobierno atadas

tienes las manos y pies
estorbando el ausentarte,
permite, señor, vengarte
la ira de un portugués

que tu honor va a restaurar,

y, aunque aborrecido, adora.
Tiende velas, desancora,
alza amarras, vira al mar.

(Vase.)

García   ¡Plegue a Dios que los alcances
y que venciendo imposibles,
surques golfos apacibles
victorioso de sus trances!
   ¡Plegue a Dios que a mi presencia
don Juan generoso, tornes
con ellos, para que adornes
armas que a tu descendencia
   dejes, y escriban historias
la fama de tu valor;
que el restaurar un honor
más vale que mil victorias!

(Vase.)

María   ¡Plegue a Dios que favorables
vientos, don Juan noble, lleves,
porque faciliten leves
sus piélagos formidables!
   ¡Plegue a Dios que halles concordes
olas de la mar sagrada,
y que a la primer jornada
la nave adúltera abordes!
   Mas si un ingrato ha de ser
de tu venganza despojos
nunca —¡plegue a Dios!— tus ojos
sus gavias merezcan ver.
   Diversa derrota sigas

vientos tengas por la proa,
nunca llegues a Lisboa,
nunca tu intento consigas.
   Dificultades inmensas
se opongan a tu furor,
porque más puede un amor
si es firme, que mil ofensas.

(Vase. Aparécese una nave en lo alto, y en ella doña Leonor, Manuel de Sosa,
Carballo y otros; zunchazos.)

Leonor
     ¡Favor, cielos piadosos!
¡Ay, mi Manuel, que vientos tan furiosos!

Manuel
     Calmó, Leonor, el Leste,
persíguenos Sudueste con Nordeste;
el mar al cielo llega.

Caballo
Maldiga Dios el alma que navega.

Leonor
     ¡Favor, cielo divino!

Caballo
¡Agua de Satanás, tórnate vino!
Servirá de sufragio
en lugar de tormenta tu naufragio.

Manuel
     Por junio en estos mares
estos dos vientos siempre dan pesares.

Caballo
No vaya yo al infierno
por agua, ni en paraje donde invierno
es por junio y por mayo.
Muerte aguada, ¿qué quieres de un lacayo,
que en puras ocasiones

trocaba tus espumas en jamones?

Manuel

Distamos, Leonor mía,
de la línea abrasada al medio día
cerca de treinta grados;
por invierno y con vientos encontrados
irémonos a pique;
volvamos a Sofala o Mozambique
e invernemos en ella.

Todos

Vira la proa.

Caballo

¿Qué maldita estrella
me sacó de Galicia?

Todos

¡Jesús sea con nosotros!

Caballo

Por justicia
entre rayos airados,
ya cocidos nos llevan, y ya asados,
si peñascos, jigote
no hicieren de nosotros o almodrote.
Gallego Ribadavia,
¿dónde estás?

Todos

¡Jesús!

Manuel

Arbol y gavia
arrancó el mortal viento,
aligera el navío.

Caballo

¿Ha tal tormento?

Manuel

Echa al agua esas cajas

de drogas y pimienta.

Caballo
                              Con ventajas
juega el mar si está airado,
¿que hará después, señor, salpimentado?
Otras cosas le aplica
que la pimienta abrasa, enoja y pica.
Échale dos poetas
de estos que silba el vulgo y son maletas
de Apolo; de estos bromas
que hacen andar los versos por maromas.
Échale treinta suegras
y en ellas cebarán sus olas negras.
Échale diez madrastras,
verás, si por sus sales las arrastras,
cuán presto se sosiega.

Marinero I
El agua hasta las obras muertas llega
sin que a fuerza de brazos
sangrarla puedan bombas ni zunchazos.
La tierra está cercana,
varar en ella importa, aunque inhumana.

Manuel
    El cabo es formidable,
que de Buena Esperanza hizo agradable
el nombre lisonjero,
si cabo Tormentoso fue primero;
mortal su llano y sierra.

Todos
¡Que nos vamos a pique!

Manuel
                              Vara en tierra;
echa el batel. Señora,
la vida importa, no la hacienda ahora.

Venid.

(Vanse.)

Caballo

¿Luego me dejas
a que me torne congrio? Oigan mis quejas;
sordos son, mas no mudos;
romadizado el cielo da estornudos;
no hay hijo para padre,
flemas vomita el mar sin mal de madre.
Cada cual tabla escoge
en que la vida como resto arroje;
buscad una, Carballo,
si sabéis por la mar ir a caballo;
harta tu sed ahora
con un millón que tu profundo dora,
sórbelo, mar traviesa,
que en esto eres de casta genovesa.

(Vase. Salen Diaguito, doña Leonor, con un niño en los brazos y Manuel de Sosa.)

Manuel

Pues quedamos con las vidas
démosle gracias a Dios;
¡Señor, perdonadme vos
tantas culpas cometidas!
   Basten ya tantos trabajos;
halle amparo en vos mi fe;
perdí mi hacienda y hallé
los venturosos atajos,
   para vos, de la pobreza.
Si la limosna os obliga,
permitid, Señor, que diga,
no soberbio, que es bajeza,

sino alegando servicios
para que os doláis de mí,
que a necesitado di
remedio; que beneficios
  atajaron desconciertos
de pobres que sustenté,
las huérfanas que casé,
sacrificios que hice a muertos,
  religiosos amparados,
hospitales socorridos
y cautivos redimidos;
cuarenta y seis mil cruzados
  en vuestros libros de caja
hallaréis, piadoso Dios,
en partidas, donde vos,
si premios de tal ventaja
  ofrecéis, piadoso y largo,
a quien el sediento envía
solo un vaso de agua fría,
podréis librar mi descargo
  y asentar mi finiquito.
Si por pagado no os dais;
si airado, Señor estáis,
yo solo que hice el delito
  el castigo experimente
que mi soberbia enfrenó;
yo pequé, páguelo yo;
no, mi Dios, tanto inocente.

Leonor   Ea, mi bien, tu valor
prueba la suerte importuna.
No venciendo a la Fortuna
no te llames vencedor.
  Sorbió nuestra hacienda el mar,

¿qué importa, si vida tienes?
No hay que hacer caso de bienes
que son bienes al quitar.
   Cleantes los arrojó
voluntario y no forzado.
Lo que hizo un gentil de grado,
¿por qué he de sentirlo yo?
   Si, como dices, me quieres,
tu caudal logras en mí.

Manuel   ¿Tú me consuelas así,
mi bien, Sol de las mujeres?
   ¿Tú, que frágil necesitas
el consuelo? No te nombres
mujer, pues vences los hombres
y tu valor acreditas.
   En los trabajos diamante,
ni temerosa, ni opresa,
eres en fin portuguesa,
no hay peligro que te espante.
   Diego, ¿cómo venís vos?

Diaguito   Mojadillo, pero sano.
Señora, déle a mi hermano
de mamar.

Leonor   Entre los dos,
             Diego, mi amor repartido
un mismo lugar tenéis;
vos, porque lo merecéis,
y él porque yo lo he parido.

(Salen cuatro marineros.)

Marinero I	Del mal el menos.
Manuel	¡Hermanos!
Marinero II	Ciento diez hombres se quedan por la costa donde puedan servir a los inhumanos monstruos del mar de sustento; los cuarenta de ellos son portugueses.
Leonor	¡Compasión extraña!
Marinero II	Pero el aliento de ver la muerte a los ojos a quinientos animó.
Marinero III	De la nave se sacó alguna ropa y despojos, cien mosquetes, cien espadas y cosa de treinta picas.
Manuel	Éstas son presas más ricas que las joyas más preciadas.
Marinero III	Pero está la munición hecha un agua.
Leonor	Enjugaráse cuando esta tormenta pase.
Marinero III	Lo demás y el galeón sorbióselo el mar ingrato.

Leonor	Jugó Fortuna, ganónos; alzóse, en fin, y dejónos eso poco de barato; agradezcámoselo, que en el juego es ordinario perder, y el tiempo es voltario, volverá lo que llevó.
Marinero IV	¿Hay tal ánimo?
Leonor	¿Qué tierra es ésta?
Marinero I	Si hemos de dar fe a cartas de marear, de cafres es esta tierra; los bárbaros más crueles de la Etiopía africana.
Leonor	Todo el esfuerzo lo allana; armas hay que abrasan pieles.
Manuel	¿Cuánto habrá de aquí a Zafala?
Marinero I	Si hubiera en qué navegar doscientas leguas por mar; pero por costa tan mala su camino pone espanto.
Leonor	Todo ha de vencerlo el brío
Marinero I	Cien leguas de aquí está el río...

Manuel	Bien.
Marinero I	...del Espíritu Santo; y será posible hallar portugueses que por él con esta gente cruel marfil suelen rescatar por herramienta y espejos.
Manuel	Pues, amigos, imposibles vencen pechos invencibles; no está el socorro tan lejos que en ese río esperamos que buscarle no podemos. Portugués valor tenemos, quinientos hombres quedamos.
Marinero II	Sí, mas ¿qué hemos de comer?
Leonor	Árboles hay por los riscos, y por la costa mariscos; hombres sois, mas yo mujer que he de llevar la vanguarda; Manuel, dadme ese bastón.
Marinero I	Si nos pone corazón tan hermoso ángel de guarda, ¿quién ha de haber que peligre?
Manuel	Pues alto; a marchar, soldados.
Marinero II	Vamos todos apiñados; que hay tanto león y tigre, que en desmandándose alguno

bien pueden doblar por él.

Leonor
¡Ánimo, pues, mi Manuel!
No se descuide ninguno.

Manuel
Dejad, mi bien, que primero,
de las tablas que ha arrojado
el mar, con todos airado,
os hagan, aunque grosero,
    algún sillón en que os lleven.

Leonor
    Correréme si eso mandas;
a imágenes lleven andas,
damas sus regalos prueben,
    que yo he de ir a pie y delante.

Manuel
    Dame esos brazos, valor
de Portugal.

Leonor
        Soy Leonor
León al nombre semejante.

Manuel
Traigan los negros de carga
lo que nos perdonó el mar.

Leonor
    Señores, alto, a marchar,
porque es la jornada larga.
    Cuando falte de comer
cuentos y donaires tengo;
veréis cómo os entretengo
el hambre.

Marinero II
        ¡No hay tal mujer!
    Por animarnos se ríe.

Marinero I	Siempre hemos de ir playa a playa.
Manuel	Dios en nuestro amparo vaya; el ángel santo nos guíe.

(Vanse. Salen Bunga y Quingo, negros.)

Bunga	¿Fuéronse los blancos?
Quingo	Sí.
Bunga	Míralo bien.
Quingo	Ya se han ido; desde aquel bosque escondido, hecho un escuadrón los vi, que marchaban ordenados por la costa.
Bunga	Fuego en ellos; que tanto miedo he de vellos con rayos desatinados, que ardiendo echan los bodoques y alcanzan de a legua y más.
Quingo	De ellos se quedan atrás tal vez, Bunga, en que provoques el apetito.
Bunga	Bien sabe la carne blanca, es muy tierna; antaño comí una pierna porque se perdió una nave

	cerca de aquí, y de la gente
	que casi ahogada salió,
	medio blanco me tocó.

Quingo	Viene mucha del poniente
	por el marfil que rescatan
	aquí cerca, hacia aquel río
	del rey de Bongo.

(Sale Carballo.)

Caballo	¡Dios mío,
	favor!

Bunga	¡Ay!

Caballo	Que me maltratan
	aguas que nunca probé.

Quingo	¿Qué es eso?

Bunga	Un blanco arrojó
	el mar.

Quingo	¿Tiene rayo?

Bunga	No.

Quingo	Pues si no, le pasaré
	con esta vara tostada,
	y tendremos que cenar.

Bunga	¡Oh, qué hartazgo me he de dar!

Caballo	¡Ay, tras cada bocanada echo las tripas!
Quingo	¿Le paso?
Bunga	Bien pasado el pobre está. Cojámosle vivo.
Caballo	Ya no hay, Carballo, que hacer caso de vos, ya estáis enjuagado; estómago que ha sufrido tanta agua, de él me despido; no quiero vivir aguado.
Bunga	Agárrate, pues te alegras con tales presas.
Quingo	Aquí.
(Cógenle.)	
Caballo	¡Jesús, que vienen por mí dos pájaros de uñas negras! ¡Cata la cruz!
Bunga	Tenle bien.
Caballo	¡San Blas, San Arquitriclino, que volviste el agua en vino; San Pero González!
Quingo	Ten.

Bunga	¡Ay, cielos, qué linda cara tiene el blanco!
Caballo	¡San Domingo, San Miércoles!
Bunga	Oye, Quingo, flaco está, si él engordara sabroso bocado fuera.
Quingo	¿Pues hay más que le cebemos dos meses?
Bunga	Así lo haremos; agasájale, no muera de temor, porque seguro que no le hemos de matar más fácil podrá engordar.
Quingo	Bien has dicho.
Bunga	¡Guro, guro!
Quingo	Cugazú, morcí, morcí.
Caballo	No os entiendo, no os entiendo; ¿qué diablos me estáis diciendo?
Bunga	Jigo...
Caballo	¿Jigote de mí? ¡Ay, cielos, guisarme quieren!
Quingo	Morcí .... [-én]

Caballo	Y morcillas también si en vino no me cocieren.
Bunga	Asarú, jigo, quizú.
Caballo	¿Asado y jigote yo? ¡mal haya quien me parió!
Quingo	Pastilay, Bunga mi zú.
Caballo	¿Que hay pastel en mí y buñuelos, dicen?
Bunga	No quiere entender. Dile que yo soy mujer, que pierda el temor. ¡Ay, cielos! que en él me estoy abrasando. Dile que no morirá.
Quingo	Pastilay.
Caballo	Pastel habrá y empanadas.
Bunga	¡Qué temblando!
Quingo	Albongonzú.
Caballo	Albondiguillas me quieren hacer también.
Bunga	Pastilay.

Caballo	¡No huelo bien, pues dice ésta que hay pastillas!
Bunga	Quingo, en mi tambo estará mejor si hemos de cebarle, que yo sabré regalarle y así se asegurará. ¿No te parece?
Quingo	Pues yo tengo más gusto que el tuyo.
Bunga	¡Ay, amor, si éste es mi cuyo en buen punto acá salió. Bunga, yo, carní verí.
Caballo	Ya me hacen carnero verde.
Bunga	Parece que el temor pierde.
Caballo	Regalos me hace, ¡ay de mí! Contemporizar, Carballo, por no morir.
Bunga	Bongo, bongo.
Caballo	Será fin de Monicongo, no te entiendo.
Bunga	Bongo.
Caballo (Abrázale.)	Andallo. Abrazóme.

Bunga	Si con él me caso, no hay más placeres. Bongo.
Caballo	¿Qué diablos me quieres, tarima de San Miguel?
Bunga	Yo le hartaré de marfil. Cocí, cocí.
Caballo	Ya entender. Dice que me han de cocer, ya yo llevo perejil.

(Vanse. Salen doña Leonor, Manuel, Diaguito y los cuatro marineros.)

Manuel	El deseado río descubierto,
	no hallamos, Leonor mía, embarcaciones;
	el hambre cuatrocientos nos ha muerto,
	pasto fatal de tigres y leones;
	infructífero y solo este desierto,
	salada el agua y tantas maldiciones
	como me alcanzan, niegan la salida
	la muerte al alma y al dolor la vida.
	    Un vaso de agua cuesta cien escudos;
	premio mortal de aquél que va por ella;
	pues apenas se parte, que desnudos
	de ropas y crueldad le dan por ella
	muerte los cafres bárbaros y mudos.
	Acabóse el sustento, esposa bella;
	un pellejo de cabra mis soldados
	comieron hoy, y costóme cien cruzados.
	    El reyecillo vil de aquesta gente
	nos ofrece en sus fuerzas hospedaje,

entretanto que el cielo, más clemente,
nos trae amigos que nos den pasaje;
pero hallo en ello más inconveniente
que en todo lo demás de este viaje,
porque las armas en rehenes pide,
o si no se las damos nos despide.

Dice que sus vasallos, asombrados
de nuestros arcabuces, no aseguran
sus vidas de nosotros si hospedados,
su pobre habitación darnos procuran,
entre riscos incultos retirados,
firmes en este tema todos juran
que si nos desarmamos amigables,
nos darán de sus frutos miserables.

Obligarles por fuerza es imposible
si miráis de estos montes la aspereza;
rendir las armas, condición terrible,
pues no hay seguridad en su fiereza;
morir de sed y hambre es cosa horrible,
mas será indubitable la certeza
de nuestro lastimero fin, de modo
que todo es peligroso, mortal todo.

Pero de tantos males y trabajos
el menor, si os parece, es bien que escoja;
simples son; con caricias y agasajos
se amansa un tigre y su rigor se afloja;
al remedio busquemos los atajos,
alivie la prudencia a la congoja;
mi voto, amigos, es que les rindamos
las armas que nos piden, y vivamos.

Marinero I   Yo, a lo menos, morir armado quiero.

Marinero II   Yo de idólatras bárbaros no fío.

Marinero III	El plomo es mi defensa y el acero.
Diaguito	Mataránnos sin armas, padre mío.
Marinero IV	Quien las da no es fidalgo caballero.
Leonor	No os engañe, mi bien, tal desvarío.
	Sin armas y entre bárbaros tiranos,
	¿no es querer eso atarnos pies y manos?

(Salen los negros [Bunga, Quingo y Curguru], y Carballo.)

Caballo
«Mensajeros sois, amigos,
no merecéis culpa, no.»
Acá el rey negro me envía
—negra Pascua le de Dios—
sentenciado por lo menos
entre estos alanos dos,
corchetes del Limbo entrambos
y obligados del carbón,
vengo, si no concedéis
con su gusto a un asador
de palo, que no de hierro,
a título de lechón.
Pesaránme por arreldes,
que así lo notificó
por señas un carnicero
que allá se llama Sisón.
Dice, pues; va de embajada;
que por hacernos favor,
en fe de ser tan amigo
de los de nuestra nación,
que aquí suelen rescatar,

os ofrece desde hoy
una vecindad de hollín
en un reino de Plutón.
Comeréis lindos regalos,
cocos, plátanos y arroz,
jigote, mondongo humano
y una pierna en salpicón.
Gozaréis ninfas del Limbo
cual su madre las parió,
que se afeiten con zumaque
y es su solimán mejor.
Por lo grajo, son grajea,
y por las narices son
dos valones sevillanos,
muy ancho cada valón;
mas haos de costar todo esto
las armas y munición,
que la confitura nuestra
no les hace buena pro.
Sin azúcar temen balas
y confites de cañón,
que no quieren, ayunando,
que les demos colación.
Todas las armas, en fin,
el rey cordobán pidió,
si queréis vivir con ellos,
y no dándolas, alón.
Éste sabe nuestra lengua
bien que mal, porque trató
en rescates portugueses
y él os lo dirá mejor.

Curguru
No tenemo má que habrá
di como lo Embasalor

lo que le mandamo el reye
tomamos resilución.
Si arma damo, le hospedamo,
turo como el culazón,
si no damo despedimo.
Mira qué queremo vos.

Manuel   Esto esfuerza, compañeros;
resolvámonos, Leonor.
Su sencillez nos convida;
muerte es toda dilación.
¿De qué nos han de servir
armas contra tan feroz
enemigo como el hambre?
Dios nos dará embarcación,
presto ya el invierno pasa,
no ha de ser todo rigor;
presto vendrán portugueses
al rescate; lo mejor
que el hombre tiene es la vida;
seguid todos mi opinión,
no muráis desesperados;
ninguno diga de no.

Marinero I   Yo, a lo menos, si las diere,
forzado será.

Marinero II   Pues yo,
puesto que deseo servirte,
dudo de hacer tal error.

Leonor   ¿Las armas les quieres dar?
Pues, mi Manuel, muerta voy;
no esperes piedad en fieras

sin discurso ni razón.

Diaguito	Padre, mire lo que hace.

Manuel

Matadme, pues, ya que sois,
vuestros homicidas mismos
y tan desdichado yo.
Acabemos de una vez
con tanta persecución;
cumpla en mí el cielo presagios,
satisfaga su rigor.

Curguru

No tenemo que temé ya.

Manuel

Hijos, si no por mi amor,
por el vuestro, que es perdernos
esa desesperación.

Marinero I

Alto; si en tal tema das,
que nos maten.

Marinero II

Por Dios,
que es sentenciarnos a muerte.
Mas vaya.

Marinero III

Arcabuz, sin vos
no hago cuenta de la vida.

Marinero IV

Ya yo sin armas estoy
y despedido del mundo.

Leonor

El discurso te faltó,
Manuel mío, al mejor tiempo.

Manuel

Dios, mi bien, lo hará mejor;
llevad las armas, tomadlas,
y al rey decid que hizo hoy
él solo más que han podido
en Asia tanta nación,
que nos dé salvoconducto.

Caballo

Escapéme del tajón
de muerte, de albondiguillas,
de la sartén y asador.

Curguru

Aguardámono un poquito
que habramo con reye voy.
Arma damo para ya;
ya no tenemo temó.

(Salen todos los negros.)

Leonor

Mal hemos hecho, Manuel.

Manuel

De dos daños el menor
es éste: así pasaremos,
mi bien, hasta otra ocasión.

(Van saliendo los negros arriba.)

Negro I

Mueran los blancos sin armas.

Negro II

Pasadlos de dos en dos
con las varas y las flechas.
¡Ea, cafres, vuestros son
sus despojos!

Negro III

¡Mueran!

Negro IV	¡Mueran!
Manuel	¡Ay, cielos! ¿Esta traición consentís?
Leonor	Quien dio las armas .... [-ó] esto y más merece.
Marinero II	Miren si era buena mi opinión.
Manuel	¿Todo, cielos, desventura? ¿Todo, Fortuna, rigor? ¿Todo, desdicha, pesares? ¿Todo, en fin, persecución? Ea, arroje el cielo rayos, rompa límites veloz el mar, ábrase la tierra, cúmplase mi maldición.
Marinero I	Huir que brotan los riscos negros y flechas.
Caballo	Temor todo soy; pies, apostemos cuál corre más de los dos.
Manuel	Retiraos con esa gente, dulce esposa. Vivid vos; que quedaré entretanto por blanco de su furor. Mientras en mí lo quebrantan,

escapaos, que muerto yo,
tendrán fin tantas desdichas.

(Bajan los negros.)

Curguru   A ellos, a ellos.

Manuel   Traidor;
moriré, pero vengado,
que aún respira el corazón.
Desesperado me animo,
brazos tengo, Manuel soy.

(Vánse todos.)

Caballo   Entre tanto que se ceban
en los primeros, si sois
para seguirme, corred,
llevaréisme por guión.

(Vase. Vuelve a salir Manuel con Diaguito en los brazos y doña Leonor con el otro niño en los suyos, y pónele Manuel en el suelo.)

Manuel   Esto es lo más escondido
de este bosque dilatado,
los cafres se han retirado;
que aquí me esperéis os pido.
     Buscaré los compañeros
que, aunque sin armas están,
troncos de aquí cortarán
con que suplan los aceros.
     Ningunos bárbaros queden,
quememos su población,
haga la desesperación

114

lo que las fuerzas no pueden.
La militar disciplina
vencerá su multitud.

Leonor

Desarmados no hay virtud,
contra ellos, si no es divina.
¡Ay Manuel, qué deslumbrado
anduviste!

Manuel

Ya eso es hecho:
el salir de tanto estrecho
es lo que me da cuidado.
Si de noche acometemos
su rústica población,
del fuego y la confusión
huyendo, restauraremos
las armas; voy a buscar
nuestra gente; luego vengo.

(Vase.)

Leonor

Ya de la vida no tengo
qué defender ni esperar.
¡Ay hijo, en qué mala estrella
naciste!

Diaguito

Señora mía:
si llora, el niño que cría
vendrá a morirse por ella.
Calle, que yo espero en Dios
que nos ha de socorrer.

(Salen Curguru y otro Negro.)

Curguru	Sola está aquí una mujer;
	desnudémosla los dos,
	gocemos de sus despojos,
	y huyamos la sierra adentro.
	¡Un tigre sale al encuentro!

(Sale un tigre y ase a Diaguito.)

Diaguito	¡Padre mío de mis ojos,
	que me lleva a hacer pedazos!

(Ase un Negro a Leonor.)

Curguru	Tráela.
Leonor	¡Cielo rigoroso,
	¿qué es esto? ¡Manuel, esposo!

(Éntranse con ella.)

Curguru	No la sueltes de los brazos.
Leonor	¡Manuel de Sosa, favor!

(Diaguito en lo alto.)

Diaguito	¡Socorro, padre, que muero!

(Sale Manuel de Sosa.)

Manuel	¿Qué es esto? ¡Ay cielos! ¿Qué espero?
Leonor	¡Dulce esposo!

Manuel   ¡Mi Leonor!

(Leonor en lo alto.)

Leonor   Cuando no puedas mi vida,
                         ven a defender mi fama.

Diaguito   ¡Señor padre!

Manuel   ¿Quién me llama?

Diaguito   Cuando mi muerte no impida,
                            écheme su bendición,
                         que yo rogaré por él
                         a Dios.

Manuel   ¡Ay suerte cruel!
                         ¡Ay trágica confusión!
                          ¡Ay cielos! ¡Ay hado impío!
                         ¡Hay más males, más enojos!

Leonor   ¡Manuel!

Manuel   ¡Leonor de mis ojos!

Diaguito   ¡Señor padre!

Manuel   ¡Diego mío!

Leonor   ¡Favor!

Diaguito   ¡Socorro!

Manuel   Divida

el alma esta adversidad;
defienda cada mitad
a la mitad de su vida.
    Bárbaros allí amenazan
el honor de quien adoro;
allí tigres el tesoro
de mi vida despedazan.
    ¿Adónde iré? ¿qué he de hacer?
Mientras Leonor se defiende
librar a mi hijo pretende
mi amor, mas no ha de poder,
    morir con él es mejor.

Leonor   Dueño ingrato, ¿así me dejas?

Manuel   Justas son aquellas quejas:
                socorramos a Leonor.

Diaguito   Padre mío, ¿así me olvida?

Manuel   Alma, allí el socorro os cuadre.

Diaguito   ¡Padre!

Leonor   ¡Esposo!

Manuel   Esposo y padre;
                aquí la honra, allí la vida,
                    y uno yo; los daños dos,
                los peligros divididos
                y para matarme unidos;
                ¿y no hay remedio, mi Dios?
                    Pues no ha de haber desconcierto
                que a desesperar me obligue.

¿Todo el mundo me persigue?
Pues persiga. Ya habrá muerto
   a Diego el sangriento bruto;
matemos, valor, muriendo,
a mi esposa defendiendo,
al cielo obligando a luto,
   al mar que tarde se amanse,
la tierra que nos sepulte,
al monte a que nos oculte,
la crueldad a que descanse.
   Porque si por tantos modos,
hombres, cielos, mar y tierra,
todos nos hicieron guerra
nos tengan lástima todos.

(Salen García, don Juan y doña María.)

García   ¡Extraordinaria tormenta!

María   Viniendo embarcada yo,
                ¿qué mucho? Jamás me dio
                quietud la suerte violenta.

García   ¿Qué barra es ésta?

Juan   Éste el río
                es del Espíritu Santo.

García   Descansaremos en tanto
                que sosiega el mar su brío.
                   Entró por gobernador
                de la India Jorge Cabral,
                por el rey de Portugal
                nombrado, y tráeme mi honor

                    a remediar desatinos
                    si tienen, habiendo en medio
                    tanto imposible, remedio.

Juan   El cielo abrirá caminos
                       por medio de la venganza
                    que aseguren tu sosiego.

García   Si a Lisboa vivo llego,
                    en mi rey tengo esperanza
                       que, premiando mis servicios,
                    castigue al torpe Manuel
                    de Sosa.

Juan   Hallarás en él
                    severidad para vicios
                       y amparo para virtudes,
                    y en mí un fiel ejecutor
                    porque restaures tu honor
                    y en gozo tu pena mudes.

García   ¿Qué gente habita en la tierra?

Juan   Negros torpes y bozales
                    que entre fieros animales
                    son vecinos de esa sierra.
                       Dióles el cielo abundancia
                    de marfil, que portugueses,
                    en fe de sus intereses,
                    cargan con harta ganancia,
                       y estos bárbaros lo dan
                    por vidrios y niñerías
                    de poco precio.

García	¿Qué días nos pueden faltar, don Juan, para entrar con salvamento en Lisboa?
Juan	Si doblamos este cabo donde estamos y nos favorece el viento, en dos meses.
García	Quiera Dios que apacible el mar hallemos, y que fin alegre demos a nuestras penas los dos.

(Sale Carballo como asustado.)

Caballo	¿Portugueses? ¡Dicha mía! Carballo a la vida dad ensancha, si esto es verdad.
García	¿Carballo?
Caballo	Gran don García ya tienen fin a tus pies mis desdichas; ya perdí el temor.
García	¿Qué haces aquí?
Caballo	Ya te lo diré después. Ven a socorrer agora tus hijos, que si están vivos, entre esos cuervos cautivos,

los comerán dentro un hora.

García   ¿Qué dices?

María   ¡Ay, honra mía,
                ya el cielo os allana estorbos!

Caballo   Zampóse el mar en dos sorbos
                la nave y lo que traía,
                   que nunca gasta otros huevos;
                quinientos vivos quedamos
                que infierno o tierra tomamos
                para hallar peligros nuevos.
                   De quinientos, ciento y treinta
                quedamos que tigre y hambre
                los demás, aunque en fiambre,
                con ellos hicieron cuenta.
                   No quedó perro ni gato
                que no supiese a conejos;
                cueros de cofre, pellejos,
                hasta suelas de zapato
                   nos comimos; y el remate
                de esta peregrinación
                fue entregar la munición,
                ropa y armas por rescate
                   de comida a la grajuna
                república de esta gente.
                Con nosotros insolente
                jugó después la Fortuna,
                   de modo que nos desnudan
                antípodas alemanes
                hasta que en los cordobanes
                nos dejan, y aun de esto dudan;
                   porque con varas tostadas

nos agarrochan, sin ser
toros, y juran hacer
convites y borrachadas
   con nosotros, de manera,
que si yo no me escapara,
tripas negras caminara
hasta la puerta trasera.
   Pues traes gente y arcabuces,
defiende a Manuel de Sosa,
tu nieto, y su triste esposa
de estos grifos avestruces.

García   ¡Válgame el cielo! Llamad
mis soldados, que si viven,
librándolos, aperciben
mi venganza en mi piedad.
   Mueran los dos a mis manos
y no entre bárbaros negros.

(Sale un Marinero.)

Marinero   Diérate la bienvenida
si llegaras a otro tiempo;
pero pésames te doy
del más trágico suceso
que conservaron anales,
que desdichas escribieron.
Ya, noble gobernador,
maldiciones cumplió el cielo,
vengó agravios, oyó lloros,
y dio al prudente escarmientos.
Desnudaron sin piedad
estos bárbaros hambrientos
la hermosa doña Leonor,

sin bastar llantos ni ruegos.
Vio el Sol la primera vez
los alabastros honestos
que le ocultaron retiros
del recato y del respeto.
Pero no los gozó mucho;
porque fueron los cabellos
vicevestidos hermosos
que soles nieves cubrieron.
Y lo que ellos no alcanzaron,
relicario sirvió el suelo,
viva abriendo su sepulcro
a la otra mitad del cuerpo.
Con su compostura casta,
la del monarca primero
curioso alargó la toga
hasta los pies; más espejo
de las matronas, Leonor,
viva se entierra, escondiendo
si avarienta, recatada,
de su belleza secretos,
reservados solamente
a amorosos himeneos.
Hallóla Manuel de Sosa
de esta suerte, ya entre hambrientos
tigres, malogrado un hijo,
y con el otro a los pechos.
Traspasóse de dolor,
atajando el desconsuelo,
para atormentarle más,
llanto y suspiros sin seso.
Se entró por entre esas selvas,
donde entre riscos soberbios,
o intentará precipicios,

o fieras le habrán deshecho.
Satisfechas tus venganzas,
ya puede el dolor paterno
las exequias funerales
fiar a los sentimientos.
Aquí si pueden los ojos
sufrir del Scita fiero
espectáculo tan triste,
está el teatro funesto

(Descubre a doña Leonor, ya difunta, a Diaguito ensangrentado.)

en que la ciega Fortuna
tragedia eterniza el tiempo
para escarmiento de amantes,
y éste es el acto postrero.

García   Cerrad las puertas, dolor,
al alma; ahóguese dentro
de sí misma, no la alivien
llantos ni suspiros tiernos.
¡Ay, Leonor! Nunca tomaran
tan a su cargo los cielos
agravios de un padre airado,
venganzas de un triste viejo.
No hay vida que tanto sufra;
muramos ya y acabemos
de una vez desdichas tantas.

María   ¡Ay, Manuel! ¡Ay, caro Diego!
¡Ay, mal logros de mi amor!

Juan   Mármol soy, absorto quedo,
estatua en la admiración

de puro sentir no siento.
A espectáculo tan triste
eche Timantes el velo
y sirva en la compasión
de escarmientos para el cuerdo.

Fin de la comedia

Libros a la carta

A la carta es un servicio especializado para
empresas,
librerías,
bibliotecas,
editoriales
y centros de enseñanza;
y permite confeccionar libros que, por su formato y concepción, sirven a los propósitos más específicos de estas instituciones.

Las empresas nos encargan ediciones personalizadas para marketing editorial o para regalos institucionales. Y los interesados solicitan, a título personal, ediciones antiguas, o no disponibles en el mercado; y las acompañan con notas y comentarios críticos.

Las ediciones tienen como apoyo un libro de estilo con todo tipo de referencias sobre los criterios de tratamiento tipográfico aplicados a nuestros libros que puede ser consultado en Linkgua-ediciones.com .

Linkgua edita por encargo diferentes versiones de una misma obra con distintos tratamientos ortotipográficos (actualizaciones de carácter divulgativo de un clásico, o versiones estrictamente fieles a la edición original de referencia). Este servicio de ediciones a la carta le permitirá, si usted se dedica a la enseñanza, tener una forma de hacer pública su interpretación de un texto y, sobre una versión digitalizada «base», usted podrá introducir interpretaciones del texto fuente. Es un tópico que los profesores denuncien en clase los desmanes de una edición, o vayan comentando errores de interpretación de un texto y esta es una solución útil a esa necesidad del mundo académico.

Asimismo publicamos de manera sistemática, en un mismo catálogo, tesis doctorales y actas de congresos académicos, que son distribuidas a través de nuestra Web.

El servicio de «libros a la carta» funciona de dos formas.

1. Tenemos un fondo de libros digitalizados que usted puede personalizar en tiradas de al menos cinco ejemplares. Estas personalizaciones pueden ser de todo tipo: añadir notas de clase para uso de un grupo de estudiantes, introducir logos corporativos para uso con fines de marketing empresarial, etc. etc.

2. Buscamos libros descatalogados de otras editoriales y los reeditamos en tiradas cortas a petición de un cliente.

www.ingramcontent.com/pod-product-compliance
Lightning Source LLC
Chambersburg PA
CBHW021931040426
42448CB00008B/1020